서중석의 현대사 이야기 ⑰

서중석의 현대사 이야기

서중석 답하다
김덕련 묻고 정리하다

17

전두환과 5공 잔혹사
무소불위 권력 휘두르다

오월의봄

일러두기

본문의 추가 보충 설명은 모두 김덕련이 정리했다.

책머리에

1

우리는 21세기에 들어와 극렬한 '역사 전쟁'을 겪고 있다. 역사 전쟁은 한국과 일본 사이에, 또 한국과 중국 사이에 벌어지는 것으로 알고 있는 사람들이 많겠지만, 오히려 한국 사회 내부에서 더 치열하다.

사실 최근에 와서야 비로소 역사 교육이 정상적인 길로 들어서는가 싶었다. 박정희 한 사람만을 위한 1인 유신 체제의 망령인 국정 역사 교과서가 21세기 들어 사라졌고, 가장 중요한데도 공백이나 다름없었던 근현대사 교육이 이루어지면서 한국사 교육이 조금씩 자리를 잡아가고 있었다. 이런 흐름을 따라 이제 극우 반공 체제나 권력의 손아귀에서 벗어나 역사 교육이 학문과 교육 본연의 자세로 조심스럽게 나아가는 듯싶었다.

우리 현대사에는 조금 잘될 듯하다가 물거품이 된 경우가 종종 있다. 역사 교육도 그렇다. 교육의 현장이 순식간에 전쟁터가 된 것이다.

2008년 이명박 정권이 들어서자마자 수구 세력은 오염된 현대사를 재교육하겠다고 나섰다. 과거 중앙정보부 간부, 수구 언론 논설위원 등이 포함된 강사들이 서울을 비롯해 전국 각지로 보내져 학생과 교육계, '사회 지도층'을 상대로 현대사 재교육에 나섰다. 강사라기보다 유세객遊說客이라는 표현이 맞겠지만, 이들 중 현대사 전공자라고 볼 만한 사람은 없었다. 현대사 전공자가 아니면 역사학자도 잘 모를 수밖에 없는 한국 현대사, 특히 해방 전후사를 수구 세력 이데올로기 대변자들한테 맡긴 것이다. 얼마나 다급했으면 그렇게 했을까 싶지만 해프닝이나 다름없었다.

거기까지는 그나마 양호했다. 그해 8월 15일은 공교롭게도 정부 수립 60주년이 되는 날이었는데, 특히 이날을 벼르고 벼르던 세력들이 광복절을 건국절로 명칭을 변경해 기념해야 한다고 나섰다. 일부는 뭐가 뭔지 모르고 가담했겠지만, 그것은 역사 교육의 목표, 국가 기강이나 민족정기를 한순간 뒤집어엎고 혼란에 빠트릴 수 있는 위험천만한 행동이었다. 친일파를 건국 공로자로 만들 수 있는 건국절 행사장에는 참석하지 않겠다고 독립 운동 단체가 단호히 선언하고, 독립 운동가들이 자신들이 받은 서훈을 반납하겠다고 강경히 주장해서 간신히 광복절 기념식을 치를 수 있었다.

가을이 되자 일선 역사 교사들에게 날벼락이 떨어졌다. 지금 쓰는 교과서를 바꾸라고 난리를 친 것이다. 모든 권력을 총동원해서 압력을 가해왔다. 그 전쟁터 한가운데에 서서 교사들은 어떤 사념에 잠겼을까. 역사 교사로서 올바르게 산다는 것이 무엇이라고 생각했을까. 그렇지 않으면 기구한 우리 현대사를 되돌아보았을까.

그로부터 5년 후 박근혜 정권이 등장하자 또다시 역사 전쟁이 벌어졌다. 이번에는 역사 교과서를 둘러싼 전쟁이었다. 2004~2005년부터 구체적인 본색을 드러내고 조직적으로 활동하며 수구 세력 내에서 역사 문제에 대해 강력한 발언권을 확보해온 뉴라이트 계열이 역사 교과서를 만든 것이다.

뉴라이트 계열 역사 교과서는 어이없이 참패했다. 일본 극우들이 2001년에 만든 후쇼샤 교과서보다 더한 참패였다. 일제 침략, 친일파와 독재를 옹호했다고 그 교과서를 맹렬히 비판하던 쪽도 전혀 상상치 못한 결과였다. 그 교과서가 등장하기 몇 달 전부터 수구 언론이 여러 차례 크게 보도해 분위기를 띄우고, 권력이 여러 방법으로 지원을 하는 등 나름대로 총력전을 폈으며, 수구 세력이 지배하는 학교 재단도 있었기 때문에 어느 정도는 채택될지도 모른다고 크게 우려했는데 결과는 딴판이었다.

2

왜 역사 전쟁에서 이승만을 띄우는가. 박정희의 경제 발전 공로는 진보 세력 일부도 인정하기 때문에 이제 이승만만 살리면 다 된다고 보기 때문일까. 그렇지 않다. 근현대 역사에서 너무나 중요한 '비결 아닌 비결'이 거기 내장되어 있기 때문이다.

우리에게는 '역사의 죄인'이 있다. 우리 역사에서 제일 큰 죄인은 누구일까. 우선 친일파, 분단 세력, 독재 협력 세력이 쉽게 떠오를 것이다. 이승만을 존경하는 사람들에는 여러 유형이 있다. 친일파, 분단 세력, 독재 협력 세력이 거기 포함된다. 이들은 이승만을 살리고 나아가 그를 '건국의 아버지' '국부'로 만들어놓을 수만 있으면 '역사의 죄인'에서 벗어날 수 있다고 믿는 것 같다. 나아가 이승만이 국부가 되면 권력이나 사회적 지위, 기득권을 계속 움켜쥘 수 있다고 확신하고 있는 것 같다.

역사 전쟁은 수구 세력이 일으키는 불장난이라는 생각이 들 때가 있다. 60~70년 전 역사를 가지고 지금 아무에게도 득이 되지 않는 소모적인 전쟁을 일으킬 필요가 없기 때문이다. 사실을 왜곡하는 일 없이, 개방 시대에 맞게 그 시대를 폭넓게 이해하도록 가르치면 되는 것이다. 문제는 친일파, 분단 세력, 독재 협력 세력은 그렇게 생각하지 않는다는 데 있다. 자연인으로서 친일파는 생명이 다했지만, 정치적·사회적 친일파는 여전히 강성하다. 그러니 자꾸 문제를 일으킨다. 어두운 과거를 떨치고 새 출발을 할 때 보수주의가 자리 잡을 수 있는데, 비판자들을 마구잡이로 '종북'으로 몰아세우고 대통령 선거에서 NLL로 황당무계한 공격을 하는 데서 알 수 있듯이, 그들은 과거를 떨치지 못하고 독재 권력이 행했던 과거의 수법에 의존하고 있다. 이렇듯 수구 세력이 정치적 생명을 연장하려고 하기 때문에 역사 전쟁이 지겹게도 반복되고 있는 것이다.

우리에게는 '역사의 힘'이 있다. 항일 독립 운동과 반독재 민주화 운동이 줄기차게 계속된 것도, 우리 제헌 헌법에 자유·평등의 독립 운동 정신이 담겨 있는 것도 역사의 힘이다. 우리 국민이 친일파, 분단, 독재를 있어선 안 되는 잘못된 것으로 보는 것도 역사의 힘이다. 막강한 힘의 지원을 받은 역사 교과서가 참패한 것도 그렇다. 2014년에 국무총리 후보가 역사의식 때문에 순식간에 추락한 것도 역사의 힘이 아니고서는 설명하기 어렵다. 그런데도 해방-광복 70주년이 되는 2015년에 들어서자마자 역사 교과서를 국정화하겠다는 소리가 들리고, 수구 언론은 과거처럼 '이승만 위인 만들기'에 노력하고 있다.

진보 세력은 역사의 죄인 혐의에서 자유로울까. 현대사 진실 찾기, 역사 바로 세우기를 방기한 것은 어떻게 설명할 수 있을까. 1980년대에 운동권은 극우 반공 세력의 역사관을 산산조각 냈다고 생각하기도 했지만, 그것은 자만이었다. 현대사 진실 찾기를 방기할 때, 그것은 또 하나의 이데올로기이자 도그마로 경직될 수 있었다. 진보 세력은 수구 세력이 뉴라이트의 도움을 받아 근현대사 쟁점에 나름대로 논리를 세워놨는데도 더 이상 자신을 채찍질하지 않았다.

1980년대에 그렇게 현대사에 열을 올리던 사람들 가운데 몇이나 해방과 광복, 광복절과 건국절의 차이를 설명할 수 있을까. 그들은 단정 운동에 대해서 어느 정도 지식을 가지고 있을까. 이승만이 대한민국을 건국한 국부가 아니고 제헌 국회에서 표결에 의해 선출된 초대 대통령에 지나지 않는다는 것은 또 얼마나 알고 있을까. 한마디로 이승만 건국론이 잘못된 주장이라는 것을 일반 사람들에게 구체적인 사실을 들어 조리 있게 설명해줄 수 있을까. 현대사의 이런저런 문제를 가지고 생각이 다른 사람들과 논전을 벌일 경우 상대방을 얼마나 설득할 수 있을까.

3

나는 역사 전쟁이 싫다. 특히 요즘은 이제 제발 그만두었으면 싶은 마음이 간절하다. 내가 현대사에 관심을 가진 것이 1960년대 중반부터이니, 반세기라는 긴 세월 동안 극우 세력의 억지 주장이나 견강부회와 맞닥트리며 살아온 셈이다. 하지만 어떡하겠나. 숙명이려니

하고 받아들이지 않을 수 없다.

2013년 6월 제자와 지인들 앞에서 퇴임사를 하면서 이런 이야기들을 전했고, 젊은이들이 발분하여 현대사를 공부해줄 것을 거듭 당부했다. 그러고 나서 얼마 후 프레시안 김덕련 기자에게서 현대사 주제들을 여러 차례에 걸쳐 인터뷰하고 싶다는 요청이 왔다. 그다지 부담이 없을 것 같아 응했다. 한국전쟁부터 시작했다.

김덕련 기자는 뉴라이트가 제기한 문제들을 포함해 여러 가지를 예리하게 추궁했다. 당연히 쟁점 중심으로 얘기가 진행됐다. 그런데 곧 출판 제의가 들어왔다. 출판을 한다면 좀 더 체계적으로 인터뷰를 이끌어가야 할 것 같았다. 그래서 이승만 건국 문제, 친일파 문제, 한국전쟁과 이승만 문제, 집단 학살 문제, 5·16쿠데타 평가, 3선 개헌과 유신 체제, 박정희와 경제 발전 문제, 부마항쟁과 10·26과 광주항쟁, 6월항쟁 등 중요 쟁점을 한층 더 깊이 파고들어가기로 했다.

욕심도 생겼다. 이승만에 대해서는 직간접적으로 다룬 여러 저작과 논문이 있지만, 박정희에 대해서는 두세 편의 논문과 일반적인 글이 있을 뿐이었다. 그렇지만 현대사에서 박정희는 18년이라는 커다란 몫을 가지고 있고, 1960~1970년대의 대부분이 포함된 그 18년은 정치적으로나 경제적으로나 대단히 중요한 시기였다. 그 중요한 시기 동안 박정희가 집권했으니, 그 시기를 통사로 한번 써야 하지 않겠느냐는 의무감 비슷한 것이 있었다. 그러던 차에 인터뷰가 책으로 나오게 된다니, 박정희 집권 18년의 전체 상을 박정희 중심으로 살펴보고 싶은 의욕이 생겼다.

해방 직후의 역사도 1980년대에 와서야 연구되었지만, 박정희 시기도 마찬가지였다. 그 당시 한국인의 대다수가 박정희의 창씨 명을 알지 못했고, 심지어 그가 남로당의 프락치였다는 사실조차 모르고 있었다. 적지 않은 사람들이 막 보급되던 TV 화면에 빠지지 않고 등장하는 박정희의 모습을 그의 참모습으로 알고 있었다. 더욱이 1990년대 중반, 특히 IMF사태 이후 박정희 신드롬이 일어나면서 그는 대단한 능력자로 신비화되기도 했다.

나는 박정희가 쿠데타를 일으켰던 그때부터 이미 박정희의 모습을 지켜보았다. 덧칠하지 않은 있는 그대로의 박정희를 볼 수 있었다. 그는 그렇게 특별한 능력이나 지식을 가진 사람이 아니었다. 다만 권력에 대한 집착이 생사를 초월하도록 강했고, 상황을 판단하는 총기가 있었으며, 콤플렉스도 있었고, 색욕이 과했다.

그런데 나는 박정희의 저작, 연설문집, 그에 관한 여러 연구와 글을 들여다보면서 의외로 일제 때의 군인 경험이 그의 일생에 지대한 영향을 미쳤음을 알게 되었다. 유신 체제, 민족적 민주주의-한국적 민주주의, 민족과 주체성 강조 등 '정치 이념'이 해방 이전의 세계

관에서 먼 거리에 있지 않았다. 일제 때 군인 정신으로 민족, 주체를 강조하게 되었다는 것이 아주 이상하게 들릴지 모르겠지만, 거기에 박정희의 박정희다운 특성이 있고, 한국 현대사의 일그러진 자화상이 담겨 있다.

　김덕련 기자와 인터뷰를 하게 된 것은 행운이다. 그는 대학 시절 국사학과에 재학 중일 때 내 현대사 강의를 들었다고 하는데, 현대사 지식이 풍부하고 문제의식이 날카로웠다. 중요 쟁점도 놓치지 않았고 미묘한 표현도 잘 처리했다. 거기다 금상첨화 격으로 꼼꼼하며 자상하기까지 하다. 김덕련 기자와 나는 이러한 작업에 잘 어울리는 좋은 팀이라고 생각한다. 출판에 대해 자신의 철학을 가지고 있고 공들여 편집하느라 애쓴 오월의봄 박재영 대표에게도 감사드린다.

　서중석

차례

전두환과 5공 잔혹사

연표

1980년	
10월 26일	김재규 거사로 박정희 피살(10·26)
5월 17일	전두환·신군부, 5·17쿠데타 일으킴(비상 계엄 전국 확대, 국회 폐쇄)
18일	광주항쟁 발발
31일	국가보위비상대책위원회(국보위) 설치 발표(5·17쿠데타 직후 이미 활동 시작)
6월 5일	공직자 '숙정' 시작
9일	기자들 연행을 시작으로 언론계 숙청 본격화('정화' 명목으로 쫓겨난 언론인 933명)
18일	계엄사, 권력형 부정 축재자 9명(김종필, 이후락, 박종규 등) 수사 결과 발표
7월 4일	계엄사, 김대중 내란 음모 사건 수사 결과 발표
19일	계엄사, '여야 정치인 17명 연행 조사 중' 발표
30일	국보위, '교육 개혁' 방안 발표(졸업정원제 실시, 과외 금지 등)
31일	《창작과비평》 등 정기 간행물 172종 강제 폐간
8월 4일	삼청교육대 근거가 된 계엄 포고 제13호 발령(체포는 8월 1일부터)
7일	위컴 주한 미군 사령관, 전두환을 지지하면서 한국인을 쥐에 비유
16일	최규하 대통령 사임
21일	전두환·신군부, 노조 정화 지침 내림(그 후 민주 노조 파괴 공작 본격화)
27일	유신 헌법 방식으로 전두환을 '체육관 대통령'으로 선출
8월	일본 '밀사' 세지마 류조 일행, 전두환에게 올림픽 유치 권유
9월 17일	계엄보통군법회의, 김대중에게 사형 선고
9월	전두환·신군부, 조직적으로 강제 징집 실시(1984년 말까지 지속)
10월 10일	북한, 고려민주연방공화국 창립 방안 제시
10월 22일	국민 투표 거쳐 개헌안 확정
11월 3일	'정치 풍토 쇄신을 위한 특별 조치 법안' 가결(기성 정치인 활동 8년간 금지)
14일	언론 통폐합
12월 1일	컬러TV 방송 시대 개막
11일	서울대에서 '반파쇼 학우 투쟁 선언' 뿌리며 시위('무림 사건')
18일	국가보위입법회의, 사회보호법 제정
26일	국가보위입법회의, 언론기본법과 5개의 노동 관계법 및 개정안 등 의결

1981년

1월 15일   보안사 중심으로 민주정의당 창당
     16일   사회보호위원회, 삼청 교육 관련자 중 7,578명에 대해 보호 감호 처분
     23일   김대중, 대법원에서 사형 확정 판결 나온 뒤 오후에 무기 징역으로 감형
     28일   전두환, 레이건 미국 대통령의 첫 번째 손님으로 방미
2월 25일   전두환·신군부가 5공 헌법에 따라 대선 실시, 전두환 당선(취임은 3월 3일)
     27일   이선근 등이 전민학련 결성(6월까지 시위 후 체포됨, '학림 사건')
3월 25일   국회의원 선거
9월 30일   서독 바덴바덴에서 88올림픽을 서울에 유치하는 데 성공

1982년

1월 2일   문교부, '3월부터 중고생 교복 및 두발 자유화' 발표
     5일   야간 통행금지, 37년 만에 해제
3월 18일   부산 미국 문화원 방화 사건
    3월   프로 야구 출범
5월 7일   대검, 이철희·장영자 구속 발표(이철희·장영자 사건)
7월 3일   전두환 정권, 이철희·장영자 사건 파장 속에서 금융 실명제 실시 방침 발표
    9월   전두환 정권, 프락치 강요하는 녹화 사업 시작(1984년 말까지 지속)
10월 29일   전두환 정권, 금융 실명제 유보 최종 결정
12월 20일   전두환, 청와대의 '투 허'(허화평, 허삼수) 수석 경질
     23일   김대중, 미국으로 출국

1983년

5월 18일   김영삼, 단식 돌입(6월 9일까지 23일 단식)
6월 30일   KBS에서 이산가족 찾기 생방송 시작
    8월   김철호 명성콘도 사건(전두환 장인 이규동 연루 의혹 거론)
10월 9일   아웅산 묘소(버마) 폭파 사건
12월 21일   전두환 정권, 이른바 학원 자율화 조치 발표

1984년

2월 25일   정치 활동 규제자 2차 해금(1차 해금 시기는 1983년 2월)
3월 9일   서울대에서 학원 자율화 추진위원회 등장
5월 18일   민주화추진협의회(민추협) 발족
     25일   서울대 학생들, 가리봉 오거리에서 시위
9월 4일   시위에 가담한 여학생들, 청량리경찰서에서 성추행을 당함
11월 3일   서울대, 연세대, 고려대, 성균관대 학생들이 전국민주투쟁학생연합(민투학련) 결성
     14일   민투학련 소속 대학생 264명, 민정당 중앙당사 점거
     30일   정치인 제3차 해금 조치로 84명 정치 규제 해제(김대중, 김영삼 등 15명 제외)
12월 20일   신한민주당 창당 발기인 대회

전두환과
5공 잔혹사

전두환·신군부, 국가 권력 장악
국보위로 무소불위 권력 휘두르다

전두환과 5공 잔혹사, 첫 번째 마당

'혁명 평의회' 비슷한 국보위 출범

김 덕 련 그간 1979년 10·26 직후부터 1980년 오월 광주에 이르는 역사를 살펴봤다. 이제 전두환 정권 중반기에 이른바 유화 국면이 나타날 때까지 상황이 어떠했는지 짚어봤으면 한다. 1980년 5월 27일 무력으로 광주항쟁을 짓밟은 전두환·신군부가 권력 찬탈을 위해 밟은 다음 수순은 무엇이었나.

서 중 석 그해 5월 31일 이광표 문공부 장관은 국가보위비상대책위원회(국보위)를 설치한다고 발표했다. 국보위 설치령은 5월 27일 국무회의에서 이미 가결된 상태였는데, 대외비로 국무위원들한테 철저한 함구령을 내렸다가 31일 이날 발표한 것이다. 27일 국무회의에서 의결해 최규하 대통령이 재가하는 형식을 밟았다.

국보위는 대통령령으로 설치하게 되는데, 이걸 왜 설치했느냐. 이것에 대해 권정달은 내각을 조종, 통제하고 강력히 독려할 수 있는 기구로 국가 보위 비상 기구를 설치하는 방안이 나왔다고 진술했다. 그렇지만 실질적으로는 일종의 혁명 평의회 비슷한, 쿠데타 권력의 최고 기구였다. 국보위를 만드는 데 허화평 보안사 비서실장, 허삼수 보안사 인사처장, 이학봉 보안사 대공처장, 권정달 보안사 정보처장이 실무 작업을 맡았다.

전두환·신군부는 맨 처음에는 대통령의 긴급 조치권을 발동하는 형식으로 비상 기구를 설치하려 했다고 한다. 그렇지만 최 대통령이 "얼마 전에 긴급 조치 9호를 해제했는데 또다시 다른 긴급 조치권을 발동할 수 없다. 이런 일은 5·16 한 번으로 족하다"라고 하면서 거절했다. 그래서 전두환·신군부는 대통령령으로 설치하는 자문 기구라는 형식을 밟았다. 그런 형식을 취하긴 했지만 실제는 국정을 좌지우지하는, 그러니까 1961년 5·16쿠데타 세력이 만들었던 국가재건최고회의와 비슷한 권력을 행사한, 혁명 평의회 성격을 띤 기구로 국보위를 만들었다.

국보위 설치 역시 전두환·신군부가 시국 수습 방안을 구체적으로 현실화한 것이다. 그런데 국보위를 만드는 과정을 보면 5·16쿠데타나 1972년 10·17쿠데타(유신 쿠데타)와는 달리 겉모습으로는 합법성을 띠려 했다. 처음에는 긴급 조치권 발동으로 하려다가 그게 안되니까 국무회의 의결을 거쳐 대통령령으로 하는 방식을 택한 것에서 그런 점이 드러난다. 시대가 달라졌다고 봤거나 나중에 문제가 될 수도 있겠다고 생각해서 그렇게 했을 것이다. 또 당시 반대 세력이나 최규하 과도 정부 내지 정치 세력, 국민들의 반발을 고려했기 때문에도 그랬던 것 같다.

이처럼 합법성을 띠려 했지만 훗날 결국 단죄 대상이 된다. 1995년 김영삼 정권 때인데, 처음에는 검찰이 '성공한 쿠데타는 처벌할 수 없다'는 논리를 내세워 불기소 처분을 내렸다. 그렇지만 그해 10월 노태우의 비자금 계좌가 탄로 나면서 12·12쿠데타, 5·17쿠데타 관련자들이 대거 구속돼 단죄를 받게 된다. 1997년 4월 대법원은 이들의 행위를 국헌 문란으로 규정하고 단죄했다.

— 국보위는 어떻게 구성됐고 언제부터 활동이 이뤄졌나.

국보위 발족 시기는 형식상으로는 5월 31일이지만 실제로는 비상 계엄 전국 확대 결정을 내린, 즉 쿠데타를 일으킨 5월 17일 직후부터 분과 활동이 부분적으로 이뤄졌다. 최규하 과도 정부가 허

1980년 5월 31일 전두환이 국가보위비상대책위원회 자문위원단과 함께 있다. 국보위는 쿠데타 권력의 최고 기구 역할을 했다. 사진 출처: e영상역사관

수아비라는 것을 잘 알고 있었기 때문에 국무회의 의결 같은 것과 상관없이 그 이전에 이미 그렇게 한 것이다. 5월 17일 직후 운영위 원장으로 이기백(육군 소장), 운영위 간사로 최평욱(대령)이 임명됐고 이 두 사람이 총무처, 보안사에서 보내온 명단을 가지고 국보위 구성 절차를 밟게 된다.

국보위 명단을 보면 대통령 최규하가 위원장으로 들어가 있다. 그리고 국무총리 서리 박충훈과 부총리, 몇몇 장관, 중앙정보부장 서리 전두환 등 군 수뇌급과 이너 서클 핵심 인사들이 들어가 있다. 대통령 비서실장인 최광수도 포함돼 있다.

이렇게 국보위에 최규하 대통령이니 장관이니 하는 사람들이 들어가 있긴 했지만 실제로는 유명무실했다. 실질적인 국권 탈취 기구는 국보위 상임위원회였다. 국보위 상임위원회는 위원장과 30 명의 상임위원으로 구성됐다. 상임위원은 임명직 16명, 그리고 13

명의 분과위원장과 사무처장 등 당연직 14명, 이렇게 30명이었다. 그런데 상임위원의 과반수가 현역 군인이었다. 각 분과에는 위원들이 있었는데, 예컨대 2016년 총선을 앞두고 당시 야당 대표로 영입된 김종인이 재무분과 위원으로 들어가 있었다. 상임위원회 위원장은 물론 전두환이었다. 국보위가 발족한 후에는 전두환이 실질적인 권력 행사를 하게 되고 대통령, 총리 이런 사람들은 그전에도 힘이 별로 없긴 했지만 이제는 말 그대로 허수아비에 지나지 않게 된다.

박정희 정권의 핵심 인물 등 9명의 권력형 부정 축재 853억

— 전두환·신군부는 국보위를 만들어서 어떤 일을 했나.

5·17쿠데타를 일으키면서 권력형 부정 축재자들을 잡아들였다고 전에 얘기했는데, 이건 직접적인 국보위 활동이라고 얘기할 수는 없고 합수부에서 잡아넣은 것이다. 이 사람들이 어떻게 됐는가를 먼저 살펴보자.

6월 18일 계엄사령부는 권력형 부정 축재자로 지목된 9명에 대한 수사 결과를 발표했다. 김종필 216억 원, 청와대 비서실장과 중앙정보부장을 지낸 이후락 194억 원, 주월 국군 사령관과 육군 참모총장을 지낸 이세호 111억 원, 공화당 원내총무 등을 지낸 김진만 103억 원, 김종필의 형으로 코리아타코마 사장이었던 김종락 92억 원, 청와대 경호실장이었던 박종규 77억 원, 공화당 간부였던 이병희 24억 원, 청와대 경제 제2수석비서관으로 중화학 공업을 관장

했던 오원철 21억 원 등 부정 축재액이 총 853억 원에 이른다는 내용이었다. 그러면서, 자진 헌납 형식을 취하긴 했지만, 이걸 국가에서 몰수하겠다고 나왔다.

6일 후인 6월 24일에는 권력형 부정 축재자로 지목된 이 사람들이 모든 공직에서 사퇴했다. 김종필 같은 경우 공화당 총재직, 국회의원직은 물론이고 한일의원친선협회 한국 측 회장직, 5·16민족상 총재직 같은 것까지 다 내놓았다.

국보위가 발족하면서 국보위 상임위원회 사회정화분과위원회에서 6월 5일부터 구체적인 작업에 들어간 것이 공직자 '숙정'이다. 공직자를 대규모로 내쫓는 것이었는데, 6~7월 두 달 동안 고위 공직자 232명 등 모두 5,490명을 '숙정'했다. 많은 사람이 쫓겨난 건데, 그래도 5·16쿠데타 직후만큼은 아니었다. 5·16쿠데타가 났을 때는 이보다 훨씬 많은 사람을 내쫓지 않았나. 5,490명뿐만 아니라 국영 기업체, 공기업, 금융 기관, 정부 산하 단체 임직원 3,111명도 '숙정'됐다. 이도성 기자 글에 의하면 여기에다가 중앙정보부 직원 400여 명과 언론계, 교육계에서 '숙정'된 사람까지 합치면 그 수가 1만 명을 넘어섰다고 한다.

8월 8일 정부는 이들 해직자가 2년 이내에는 정부 투자 기관은 물론이고 유관 업체에도 취업할 수 없다고 했다. 이것에 대해 이의를 제기할 수는 있었지만, 그 경우 구속하겠다는 협박이 뒤따랐다. 이 사람들은 1987년 6월항쟁 이후에 '억울하다'고 하면서 80년전국해직공직자복권투쟁위원회를 결성하고 복권 운동을 벌이게 된다.

언론 대학살, 보안사와 사주들의
비판 언론인 찍어내기 합동 작전

─── 전두환·신군부의 칼날은 언론계도 겨냥하지 않았나.

언론계 숙청은 보안사 준위 이상재가 정보처장 권정달의 지시를 받아 명단을 작성했는데, 계엄사의 언론 검열에 비협조적인 이들 기자들을 '언론계 자체 정화' 형식으로 언론계에서 추방하게 한 것을 가리킨다. 이 숙청은 계엄사의 언론 검열, 특히 광주사태 때 있었던 보도 검열 거부, 제작 거부에 대한 보복을 중심으로 이뤄졌다.

언론인 정화 작업에 앞서 6월 9일 합수부 수사관들이 경향신문 기자 홍수원, 박우정, 박성득을 연행했다. 그것에 이어서 서동구 조사국장, 이경일 외신부장, 경제부 기자 표완수도 잡아갔다. 그리고 같은 계열사였던 문화방송 보도국 노성대 부국장, 오효진 기자 등도 연행했다. 이들이 광주항쟁과 관련해 경향신문과 문화방송의 제작 거부 시 기자분회 총회 등에서 "광주사태는 권력 탄압에 짓눌려온 민중의 정당한 의거다" 등의 동료 기자를 선동하는 발언을 했다는 이유로 연행한 것인데, 실제는 제작 거부도 했던 이들을 내쫓기 위해 이런 조치를 취한 것으로 보고 있다. 이들 외에도 김태홍, 이수언, 노향기, 박정삼, 김동선, 안양노 등 기자협회 간부나 기자협회에서 일하던 사람들, 그리고 천승준 등 동아방송 해외부장, 심송무, 박종렬 등 동아일보 기자들이 구속되거나 조사를 받았다. 동아일보 이병주 기자, 정태기 전 조선일보 기자, 동아투위 정연주 등은 수배 상태에 놓였다. 한 달여 후인 7월 18일에는 경향신문 사장 이

진희가 차장 이하 56명을 내쫓았다.

8월 16일 정부에서 작성한 '언론인 정화 결과'라는 문건에는 언론인 중에서 이 시기에 쫓겨난 사람이 933명으로 나와 있다. 그런데 이상재가 만든 보안사 언론대책반에서 이른바 정화 대상자로 찍어서 조치를 요구한 사람은 336명으로 돼 있다. 이 336명 중에는 군사 정권에 절대 충성하겠다는 각서를 쓰고 소위 구제됐다는 사람들도 있다. 그걸 감안했을 때 보안사 명단에 의해 해직된 사람은 298명으로 본다. 그러면 933명 중 298명을 제외한 635명은 뭐냐. 전두환·신군부는 언론사가 언론인을 스스로 제거하는 '자율 정화' 형식을 취하게 했는데, 이 635명은 언론사 사주들이 그 과정에서 끼워 넣기를 한 것으로 보고 있다. 정론 직필을 주장해 사주들한테 눈엣가시로 여겨진 사람들이 상당수 그렇게 당한 것 아니겠나.

보안사는 앞에서 얘기한 숙정 공직자 취업 제한처럼 '정화 언론인 취업 허용 제한 기준'이라는 걸 만들었다. 해직된 언론인은 언론사 및 관계 단체, 공직, 국영 업체, 정부 투자 및 출자 법인 등에 취업할 수 없도록 했다. 심지어 사기업의 홍보 및 광고 담당 요원으로 취업하는 것까지 제한했다.

예컨대 동아일보 논설 주간 박권상은 '극렬 반정부'로 찍혀서

• 이진희는 기자로 일하다가 유신 체제에서 유정회 의원으로 들어간 인물로 언론계 복귀 후 노골적으로 전두환을 찬양하는 데 앞장섰다. 1980년 8월 MBC 대담 프로그램에서는 "그동안 국보위를 만드시고 노고가 크신 전 장군께서는 새 시대를 영도해야 할 역사적 책무를 좋든 싫든 맡으셔야 할 위치에 있지 않나 봅니다"라는 등의 낯 뜨거운 발언을 쏟아냈다. 전두환 정권 출범 후에는 문공부 장관을 맡기도 했다. 전두환을 비롯한 육사 11기와 가까운 사이였을 뿐만 아니라, 동생 이상희(민정당·한나라당 의원, 과기처 장관 등 역임)가 신군부의 핵심인 허삼수·허문도와 고교 동창(부산고 10회)이었던 점도 이진희가 권력을 행사하는 데 유리한 조건이었다. 참고로 부산고 10회는 이들 외에도 조선일보 편집국장을 거쳐 신한국당·한나라당 의원을 지낸 최병렬, 하나회 출신 육군 참모총장 김진영, 검찰총장 정구영 등을 배출한 이른바 잘나가는 기수로 통한다.

이때 쫓겨났다. 기자들은 '국시 부정'이라는 명목으로 쫓겨났다. 박권상뿐만 아니라 한국일보, 중앙일보, 조선일보에서 쫓겨난 기자들도 대개 사유가 '극렬 반정부'로 돼 있다. 동양통신이나 동양방송 TBC, 동아방송DBS에서 쫓겨난 기자들도 그런데, 이 언론인들은 취업이 제한돼 있었다.

여야 정치인 17명 연행해 고문, 폭력으로 재산 '헌납' 강제

— 933명이면 당시 기자의 30퍼센트 정도다. 대규모 해직 사태라는 점뿐만 아니라 언론이 권력에 빌붙어서는 안 된다고 여긴 이들이 대거 쫓겨났다는 점에서도 말 그대로 언론 대학살이었다. 전두환·신군부가 1980년 7월 31일 독재 권력에 비판적이던 《씨알의 소리》, 《뿌리 깊은 나무》, 《창작과비평》을 비롯한 정기 간행물 172종을 강제 폐간한 것도 언론 대학살과 같은 맥락이라고 볼 수 있다.

1980년 언론에 듣기 민망한 전두환 찬가가 난무한 것도 이러한 상황과 관련 있다. 5·16쿠데타 직후와 비교하면 그때는 그래도 이 정도 수준은 아니었다. 그렇지만 박정희 정권 18년 동안 언론이 심하게 타락한 것에 더해 1980년에 언론 대학살 등까지 겪으면서, 대다수 주류 언론은 언론으로서 지켜야 할 최소한의 선에도 턱없이 못 미치는 상태에 빠져들게 된다. 오늘날에도 상당수 언론이 언론다운 모습을 보이지 않는다는 지적이 적지 않은데, 그것은 독재 정권 시절에 매우 좋지 않은 쪽으

1980년 8월 19일 자 경향신문
'새 역사 창조의 선도자 전두환
장군' 꼭지에 실린 사진.
사진에는 '새 지도자의 여유
있는 미소'라는 낯 뜨거운
문구가 적혀 있다.

1980년 8월 20일 자 경향신문.
당시 경향신문은 연달아 전두환
찬양 기사를 내보냈다.

로 형성된 언론의 틀을 바로잡지 않은 것과 떼어놓고 생각할
수 없다. 다시 돌아오면, 정치권 쪽 상황은 어떠했나.

김종필 등 일부는 권력형 부정 축재 혐의로, 김대중 쪽은 사회
혼란 조성 및 소요 관련 배후 조종 혐의로 5·17쿠데타 때 구속됐다

고 이야기하지 않았나. 김종필은 1980년 5월 17일 밤에 연행된 후 47일간 보안사 서빙고 분실에 감금됐다. 이도성 기자에 의하면 제주 감귤 농장, 서산 삼화축산, 현대경제 등 거의 전 재산을 '헌납'한다고 하고 7월 9일 '석방'됐다. 나중에 신군부를 어미를 죽이는 살모사, 패륜아라고 했다지만 자신이 5·16쿠데타를 일으켜서 한 짓과 별 차이가 없었다. 후배 군인들에게 당하면서 감회가 깊었을 것이다. 계엄사는 김종필, 이후락, 박종규 등 권력형 축재자들이 속죄, 근신할 뿐 아니라 재산을 국가에 자진 헌납할 뜻을 밝혔으므로 더 이상 '처벌'은 하지 않을 것이라고 밝혔다.

그것만이 아니었다. 박정희 정권이 유신 쿠데타 직후 야당의 강성 국회의원들을 상당수 붙잡아다가 지독한 고문을 가했는데, 그것과 비슷한 짓을 전두환·신군부도 권력을 잡자마자 즉각 시행했다. 계엄사는 1980년 7월 19일 여야 정치인 17명을 연행해 조사하고 있다고 발표했다. 여기에는 전 내무부 장관 구자춘과 김현옥, 전 건설부 장관 고재일, 공화당 의원이었던 구태회, 김용태, 길전식, 신형식, 장영순, 현오봉 등 공화당에서 원내총무, 사무총장 등을 맡으며 잘나가던 사람들뿐만 아니라 신민당에서 고위급에 있었던 사람들도 포함돼 있었다. 3김은 이미 정리했다고 보고, 신민당 당권에 도전했던 정해영, 고흥문, 박영록, 원내총무 등 당직을 맡았던 송원영, 김수한, 그리고 김영삼의 왼팔, 오른팔로 불린 최형우, 김동영 같은 사람을 비롯해 3김 아래 급들을 싹쓸이하려 한 것이다. 이들에게 붙은 칭호는 '정치 비리 부패 등 국가 기강 문란자'였다. 한마디로 권력 무상, 정치 무상이었다.

전두환·신군부는 이 사람들을 보안사 서빙고 분실, 국회 별관, 이때는 국회 별관으로도 끌어갔는데 거기로 끌고 가서 육군 형무소

죄수복을 입혔다. 그러고는 아주 심하게 고문을 하면서 재산을 내놓으라고 윽박질렀다.

── 어떤 식으로 재산 '헌납'을 강제했나.

이도성 책에는 과거의 권력자, 야당 지도자들이 당한 사례가 나온다. 한때 공화당 실력자였던 5선 의원 김용태의 경우 수사관들이 아내를 남편 앞에 데려와, "남편이 다 불었으니 감춰둔 재산을 대라"고 윽박질렀다. 아내는 울기만 했다. 김용태는 "푼푼이 모은 저금통장까지 빼앗고 집에 걸어놓았던 그림까지 빼앗아갔으니 천하에 이런 불한당 짓은 없을 것"이라고 화를 냈다. 유신 말기 공화당 사무총장을 지낸 전 건설부 장관 신형식의 경우 아무리 털어도 나오는 게 없었다. 그래도 '9,200만 원을 내야 석방된다'고 하면서 놓아주지 않았다. 온 가족이 나서 열흘 동안 돈을 만들어 '헌금'을 낸 후에야 풀려났다. 7선 의원으로 돈이 많은 김진만은 동곡문화재단 소유 회사들까지 다 뺏겼는데, 신군부 쪽에서 부인 재산까지 뺏겠다고 하자 부인이 피신했다. 그러나 합수부는 막내아들을 인질로 잡아 가뒀다. 부인은 결국 농장의 소, 사슴에서 패물, 현금 600만 원까지 모두 빼앗겼다.

야당 사람들은 뺏길 재산이 별로 없었다. 그래서 대개 몸으로 때웠다. 공화당 창당 핵심 멤버로 사무총장까지 지냈으나 3선 개헌에 반대해 김대중계 야당 인사가 된 예춘호는 이렇게 말했다. "남산 지하실에 도착하자마자 단장이라는 사람이 발로 얼굴을 걷어차며 '이 새끼가 예춘호구나'라며 욕설을 퍼부었다. 나는 분에 겨워 '이 자식들, 누구 얼굴에 발길질을 하느냐'며 악을 쓰고 달려들다 흠씬

두들겨 맞았다. 6월 초 보안사에서 준장이 찾아와 의원직 사퇴서를 받아갔다."

김동영, 오정근도 수사관들과 치고받았다. 오정근, 이 사람은 5·16쿠데타에 가담했고 유신 독재 시기에 유정회 의원이 됐으니 야당 쪽이 아니라 옛 여권 쪽이었는데, 육탄전 끝에 지병인 암이 악화 돼 더 이상 '수사'를 받을 수 없는 상태가 됐고, 얼마 후 세상을 떴다. 정해영은 야당의 재력가로 널리 알려진 사람이었다. 신군부는 정해영의 재산을 1,000억 원 이상으로 추정하고 최소한 300억 원 정도를 받아내려고 했다. 그래서 한 달 동안 조사했지만 77억 원밖에 찾아내지 못했다. 그것도 정해영은 '헌납'을 거부했다. 그러자 신군부는 정해영 아들에게 아버지를 설득해달라고 했다. 그 뒷얘기를 아들에게 들어보자. "나를 2층의 아버지 방으로 끌고 가더니 다짜고짜 아버지를 패기 시작했어요. 처음에는 주먹으로 때리더니 나중에는 나무의자로 머리를 내리쳤어요. 아버지는 아들 앞에서 차마 비명도 못 지른 채 실신했고 의자는 산산조각이 났습니다." 합수부 수사관, 아니 신군부는 패륜아나 다름없었다.

이도성 기자에 의하면 이들 여야 정치인을 포함해 합수부에 재산을 몰수당한 사람은 모두 74명으로 헌납 재산 규모는 1,133억 원이었다. 이렇게 정치판을 두들겨 패고 부숴놓은 다음 전두환·신군부는 최규하를 끌어내리고 정치판을 새로 짜나갔다.

졸업정원제 실시하고
학도호국단 부활시킨 속내

— 국보위는 교육 문제에 대해서도 나름대로 조치를 취하지 않았나.

국보위의 소위 개혁이라는 것 가운데 사람들이 환영한 것도 있었다. 교육 개혁에서 과외 금지가 바로 그것이다.

1980년 7월 30일 국보위는 대입 본고사를 폐지하고 졸업정원제를 실시하는 대학 입시 제도 개혁안과 과외를 금지하는 교육 정상화 및 과열 과외 해소 방안을 발표했다. 그 내용을 보면, 과외 열풍을 해소하기 위해 재학생의 과외 및 대학생과 현직 교사의 과외 지도를 금지하고 8월 1일부터 문교부, 내무부, 국세청으로 과외 단속반을 편성해 단속에 나서겠다는 것이었다. 그리고 1981학년도부터 대입 본고사를 폐지하고 고교 내신 성적과 예비고사 성적으로 신입생을 선발토록 하며, 1981학년도 신입생부터 졸업정원제를 실시해서 대학 입학 인원을 첫해에는 130퍼센트, 그다음 해에는 150퍼센트, 이렇게 늘리겠다고 했다.

여기서 적지 않은 사람들한테 환영받은 게 군부 파시스트다운 방식으로 과외에 철퇴를 가하겠다고 한 부분이었다. 과외비로 들어가는 돈이 너무 많은 게 사실이었다. 당시 문교부의 한 연구 기관이 발표한 것을 보면 개인 및 집단 과외비, 학원비가 정부 예산의 6퍼센트, 교육 예산의 30퍼센트나 되는 것으로 나타났다. 그런 과외를 당장 철권으로 두들겨 패서 막겠다고 하니까 '그러면 이제 과외비가 안 들어가겠네' 하는 생각으로 환영하는 사람들이 많았다. 그리고 과외를 줄이기 위한 방안으로 1980년 6월부터 KBS 1TV에서 '가정 고교 방송'을 내보냈는데, 이것도 인기가 좋았다.

그 후 과외를 받은 사실이 적발된 재학생은 정학이나 퇴학 조치를 받고, 그 학부모는 직장에서 면직되고, 과외를 한 대학생은 구속되는 일이 생겼다. 그렇지만 이러한 조치로 과외를 근절하지는 못했다. 자기 아이를 좋은 대학에 보내려고 하는 건 많은 학부모의 공통된 생각이었기 때문에 비밀과외, 당시 '몰래바이트'(몰래 아르바이트)라고도 불렸던 이걸 막기가 어려웠다. 그래서 과외 금지 조치 때문에 오히려 변칙적인 과외가 생기는 것 아니냐는 비난을 듣고 그랬다.

—— 실제로 효과를 거뒀느냐 하는 것과는 별개로 과열 과외를 해소하겠다는 것 자체는 누구도 만죽을 걸 수 없는 명분이다. 그렇지만 졸업정원제는 그런 것과는 거리가 멀다. 전두환·신군부는 왜 졸업정원제를 도입한 것인가.

소위 교육 개혁이라는 것과 관련해 이규호 문교부 장관의 졸업정원제가 관심을 모았다. 이규호는 언론계에서 허문도가 한 역할과 비슷하게 교육과 관련해 여러 정책을 쏟아냈다. 이규호는 전두환·신군부의 교육 이데올로그였다. 졸업정원제에 대해서는 이규호가 잘 설명했는데, 들어갈 때에는 이탈리아처럼 마음대로 들어가게 하고 나올 때에는 성적이 나쁜 사람은 졸업을 못하게 하겠다는 것이었다. 사실 마음대로 들어가게 한 건 아니었고 정원의 130퍼센트 선에서 뽑게 했다.

졸업정원제를 채택한 가장 큰 이유는 학생들이 공부에만 열중하게 해서 정치 문제에 관심을 갖지 못하게 하고 시위 같은 것에 참여하지 못하게 하는 데 있었다. 그건 1980년 2학기에 학도호국단을 부활시킨 것과 맞아떨어지는 것이기도 했다. 이 학도호국단도 우리 역사에서 기구하다. 이승만 정권 때 만들었는데, 4월혁명으로 이승만 정권이 무너지자마자 없어졌다. 그런데 1975년에 박정희가 유신 체제를 강화하기 위한 학원 병영화 심화 조치의 일환으로 부활시켰다. 그렇지만 10·26 후 학원 민주화 운동이 전개되고 학생회가 부활하면서 사라졌던 건데, 전두환·신군부가 또다시 등장시킨 것이다.

졸업정원제는 제대로 지켜지지 않았다. 대학에 입학한 학생들이 탈락하지 않고 대개는 졸업하는 데 어려움이 없었다. 명칭이 똑같이 졸업정원제라고 하더라도 국가의 환경이 다르면 다른 결과를 가져오기 마련이다. 그런데 사실은 이 시기쯤 와서는 대학생이 대거 증가할 수밖에 없는 면이 있었다. 그 점이 대단히 중요하다.

── 어떤 점에서 그러했나.

한국인들은 너나없이 자기 자식을 대학에 보내려는 강한 욕구를 갖고 있었다. 심지어 1950년대, 1960년대에는 결혼을 잘 시키려면 모 여대에 보내야 한다는 사고를 가진 학부모들이 사실 많았다.

그런 상황이었는데, 1980년경이 되면 고교생이 엄청나게 늘어났다. 1960년에 27만여 명이었는데 1979년에는 156만 명이나 됐다. 1979년쯤 돼서는 여고생이 거의 반절을 차지하게 된다. 남녀 비율이 1 대 1에 육박하게 된 것이다. 그러면서 여학생도 대학에 진학하는 경우가 부쩍 늘어나게 된다.

또 이때쯤 되면, 유신 말기 그리고 전두환 정권 초기에 경제 상황이 안 좋기는 했지만 그래도 1960년대 등 그 이전 시기보다는 생활 수준이 전반적으로 향상됐다는 점도 생각할 필요가 있다. 그렇지만 수도권에서 대학 숫자를 계속 늘리기는 어려웠다. 그래서 조금 있으면 지방대 육성책을 내놓게 된다. 또 서울 지역 대학들의 지방 캠퍼스, 분교 같은 것들인데 그런 걸 장려하는 정책도 내놓았다.

그러면서 대학생 숫자가 1980년대에 들어서면 비약적으로 증가했다. 1970년만 해도 대학생 숫자가 남학생 11만 4,000명, 여학생 3만 2,000명, 그래서 총 15만 명이 안됐는데 1980년에는 남학생 31만 2,000명, 여학생 9만 1,000명, 그래서 40만 명을 넘어섰다. 그게 1985년에는 앞에서 말한 여러 정책이 작용해서 68만 명까지 늘어난다. 그에 따라 교수 숫자도 부쩍 늘어난다.

그런데 이렇게 대학생이 증가하고 지방에 많은 대학 또는 서울에 있는 대학의 분교가 들어선 것은 6월항쟁이 전국에서 동시다발적으로 일어나게 하는 데 아주 커다란 기여를 하게 된다. 전두환·신군부의 교육 정책이 결과적으로 군부 독재를 무너뜨리는 데 큰 역할을 한다. 학생이 이렇게 많이 늘어나면서 대학 교수들도 크게 늘어났고, 전체적으로 지적 수준이 상당히 향상됐다.

인권 유린과 잔혹함의 상징, 삼청교육대 '순화 교육'

전두환과 5공 잔혹사, 두 번째 마당

영장 없이 6만여 명 체포,
3만 9,000여 명에게 '순화 교육' 강제

김 덕 련 이번에는 국보위에서 시행한 대표적인 사업으로 꼽히는 삼청교육대 문제를 짚었으면 한다. 일각에서는 삼청교육대를 사례로 들며 '전두환이 다른 건 몰라도 깡패 문제는 확실하게 처리했다'고 주장하기도 했다.

서 중 석 삼청교육대는 전두환·신군부의 인권 유린과 잔혹함을 상징하는 사안이다. 그러한 삼청교육대 문제로 가보자. 당국은 1980년 8월 1일부터 12월 29일까지 6만 755명을 체포했다. 원래 2만 명 정도 체포할 것이라고 했는데 그것의 무려 3배나 체포한 것이다. 그것도 법원이 발부한 영장도 없이 그렇게 했다.

이 중 3,252명이 재판에 회부됐고 1만 7,761명이 훈방 등의 조치를 받았다. 이 사람들을 제외한 3만 9,742명이 1980년 8월 4일부터 1981년 1월 21일까지 11차에 걸쳐 전국 각지의 군부대에서 소위 순화 교육이라는 걸 받았다. 이 순화 교육을 받은 사람들을 삼청 교육을 받은 사람이라고 하고, 그래서 순화 교육과 관련된 사건을 삼청교육대 사건이라고 부른다. 국보위 상임위원장인 전두환의 재가를 얻어 이렇게 처리한 것이다.˚

˚ 국방부 과거사위의 2006년 발표와 '진실·화해를 위한 과거사 정리 위원회'의 2010년 상반기 조사 보고서에 따르면, 전두환은 국보위 사회정화분과위원회에서 입안한 '불량배 소탕 계획(삼청 계획 5호)'을 1980년 7월 28일 결재하고 그다음 날(7월 29일) 계엄사령부에 하달했다. 이에 따라 삼청 교육의 근거가 되는 계엄 포고 제13호가 8월 4일 발령됐다. 계엄 포고 제13호는 국무회의에 부의附議되지도 않은 채 시행되는 등 적법 절차를 거치지 않았고, 헌법이 규정한 죄형 법정주의에도 어긋났다.

삼청 교육이 잔혹하게 시행돼 악명을 떨치고 수많은 사망자 등 피해자를 낸 것은 전두환이 특별히 강조했기 때문이다. 전두환은 '국보위 상임위원장 강조 사항'이라 하여, 이 사업이 국보위 사업 중에서 핵심 사업이라고 명시했다. 그리고 이 사업은 사회 개혁 및 정화의 시작이므로 성공적인 수행이 더욱 강조된다고 하면서 군·관·민이 범국민적, 범국가적 사업으로 실시하라고 지시했다. 그러면서 "본인의 과오를 회개시키고 정상적인 사회인으로 만들기 위한 순화 교육은 개과천선을 위한 정신 교육과 병행하여 강한 육체적 훈련 실시"라며 강한 육체적 훈련 실시를 주문했다. 전두환은 지방 순시에서도 사회 정화 작업의 중요성을 강조하면서 "특히 국민의 단합을 해치는 무고는 엄단"하라고 지시하고 "사회악 제거를 위한 순화 교육을 군에서 계속 추진할 것"임을 강조했다.

계엄사는 순화 교육을 담당할 각 부대에 '국보위 상임위원장 강조 사항'을 특별히 첨부하고 상임위원장의 핵심 관심 사항임을 강조하면서 '강한 육체적 훈련 실시'를 당부했다. 잔혹한 순화 교육은 이렇게 예고돼 있었다.

전두환은 왜 삼청 교육이 국보위의 핵심 사항이라고 못을 박았을까. 박정희가 5·16쿠데타를 일으킨 다음 한 일 중에서 깡패를 잡아들인 것이나 국토건설단이 군인 전두환에게 깊게 남아 있었을 수도 있다. 그렇지만 전두환이 의도한 것은 그 이상이었다. 파시스트들이 즐겨 강조하듯이 사회의 적, 국가의 적을 만들어 그들을 제거하거나 사회, 국가로부터 격리하고 강권 통치를 펼치겠다는 '지도자' 의지의 발로였다.

전두환은 '강한 육체적 훈련'을 골자로 한 삼청 교육 이미지가 국민에게 전달되기를 바랐다. 국민들에게 군부의 규율과 통제 정신

1980년 8월 21일 25사단에서 행해진 불량배 순화 교육. 전두환은 '강한 육체적 훈련'을 골자로 한 삼청 교육 이미지가 국민에게 전달되기를 바랐다. 국민들에게 군부의 규율과 통제 정신을 받아들이게 함과 동시에 부랑아, 전과자, 자신의 통치에 반발하는 자는 국민의 단합을 해치는 자로 응징하겠다는 뜻을 삼청 교육을 통해 전달한 것이다. 사진 출처: 국가기록원

을 받아들이게 함과 동시에 부랑아, 전과자, 자신의 통치에 반발하는 자는 국민의 단합을 해치는 자로 응징하겠다는 뜻을 삼청 교육을 통해 전달한 것이다. 광주에서 펼친 위력 과시 위주의 초강경 유혈 진압 작전과 삼청 교육을 통해 전두환은 자신의 권력의 출발을 알림과 동시에 어떠한 통치를 하겠다는 의사를 아주 분명하게 보여 줬다.

—— '삼청'이라는 이름을 붙인 이유는 무엇인가.

삼청이라는 이름이 생긴 건 이걸 주관한 국보위 사회정화분과위원회가 종로구 삼청동에 있었던 것과 관련 있다고 한다. 국보위 사회정화분과위원회에서 소위 불량배 소탕 계획에 따라 전반적인 사항을 통제했는데, 그 작업에 삼청 계획이라는 이름을 붙이면서 삼청 교육으로 불리게 됐다고 그런다.

중학생부터 70대까지
닥치는 대로 잡아들인 전두환·신군부

—— 쿠데타로 권력을 훔친 다음 사회악을 일소하겠다고 목청을 높이며 이른바 불량배를 쓸어버리겠다고 나서는 건 1980년 전두환·신군부뿐만 아니라 1961년 박정희를 중심으로 한 5·16쿠데타 세력도 보인 모습이다. 국보위 사회정화분과위원회가 삼청 계획을 만들 때 5·16쿠데타 직후 상황을 참고한 것으로 돼 있는데, 여러 가지를 생각하게 만드는 대목이다.

1962년 7월 5일 강원도 도로 건설 현장에서 일하고 있는 국토건설단원. 여기에 동원된 사람들의 다수는 병역 기피자들이었고 직업을 가지고 있는 경우가 많았다. 사진 출처: 국가기록원

박정희는 5·16쿠데타를 일으킨 직후 소위 깡패 단속이라는 걸 대대적으로 벌였다. 이정재를 비롯한 깡패들을 서울 시내에서 행진을 시키면서 조리를 돌리기도 하지 않았나. 사실 이승만 정권 때 활개를 치던 깡패들을 대거 잡아들이기 시작한 건 1960년 4월혁명 후 허정 과도 정부 때다. 4월혁명으로 깡패 시대는 사실상 끝난 것이었고 5·16쿠데타 정권이 깡패를 잡아들인 것은 그렇게 대단한 건 아니라고 볼 수 있는데, 5·16쿠데타 세력이 깡패들한테 거리 행진을 시키고 한 것이 심각한 인권 유린 행위였는데도 당시 사람들 눈에 확 들어온 측면이 있다.

1980년 국보위 사회정화분과위원회가 소위 불량배 소탕 계획을 만들 때 5·16쿠데타 이후에 있었던 국토건설단을 참고한 것으로 돼 있다. 당시 박정희 군사 정부는 국토건설단으로 1만 6,000여 명을 동원할 계획이라고 발표했는데, 실제로 동원한 인원이 얼마였는지에 대해서는 연구자에 따라 견해 차이가 난다. 1만 6,200여 명이라고 보는 사람도 있고, 1만 4,900여 명이라고 보는 사람도 있다. 1980년에 삼청 교육과 관련해 체포한 인원 6만여 명은 5·16쿠데타 이후에 국토건설단으로 동원한 인원의 4배 정도라고 볼 수 있다.

그런데 이 국토건설단으로 간 사람들의 다수가 소위 불량배 또는 부랑아였던 건 아니다. 여기에 동원된 사람들의 다수는 병역 기피자들이었고 직업을 가지고 있는 경우가 많았다. 교사, 공무원 등 당시 고학력자로 분류되던 사람들도 상당수 포함돼 있었다.

삼청 교육 관련 포고로 발령된 것이 1980년 8월 4일에 나온 계엄 포고 제13호다. 그런데 체포 작업은 그 이전인 8월 1일부터 이뤄졌다. 계엄 포고 제13호 자체도 문제가 많았지만, 그것조차 지키지 않은 것이다. 법령이라는 걸 제대로 지키는 사람들이 아니지 않았나.

—— 어떤 사람들이 잡혀갔나.

체포된 6만 755명을 분류한 것을 보면, 폭력으로 분류된 사람이 4만 9,066명으로 80퍼센트가 넘었다. 그런데 이 경우 언제, 어떤 범죄를 저질렀느냐 등이 구체적이지 않았고 그런 속에서 '재범 우려자', '주민 지탄을 받는 자'라고 돼 있는 사람들을 잡아들여 폭력으로 분류한 것으로 나와 있다. 따라서 미움을 받은 사람들이 끌려가는 일이 많았다. 가장 큰 문제는 경찰서별로 검거할 인원을 배정한 것이다. 서울의 경우 경찰서마다 200~300명씩을 검거하라고

해 무슨 수를 써서라도 인원을 채워 넣어야 했다.

국방부 과거사위원회에서 면담 조사를 받은 사람들은 일제 검거의 부당성을 호소했다. 서아무개는 출근 중 부산 동구청 보건소 앞 불심 검문에서 몸에 문신이 있다는 이유로 친구와 함께 연행됐다. 문아무개는 집 앞에 있는 해운대에 저녁에 바람을 쐰다고 나갔다가 일제 검거에 연행됐다. 김아무개는 외항 선원이었는데, 부산항에 귀항해 동료들과 술을 마시던 중 동료 3명과 함께 연행됐다. 백아무개는 친구가 종로 2가 파출소에 잡혀 있다고 하기에 파출소에 찾아가 "어떻게 된 일이냐. 왜 잡아가느냐"고 따졌다. 그러자 경찰관이 "너는 누구냐"라며 전과 조회를 하더니 "쟤도 넘겨"라고 했다. 그렇게 해서 끌려갔다.

체포된 사람들 중 순화 교육이라는 걸 받은 3만 9,742명도 대부분 폭력으로 분류된 사람들이다. 그런데 체포된 사람들을 보면 13세 소년에서 70대 노인까지 골고루 있었고 군 장성, 언론인, 노조원, 대학생은 물론 중·고등학생까지 포함돼 있었다.•

여기서 군 장성이 무슨 소리냐, 이상하다고 할는지 모르지만 이건 바로 보안사령관을 지낸 강창성을 가리킨다. 강창성은 1973년 윤필용 사건을 박정희 지시로 조사하면서 군 사조직인 하나회를 대대적으로 수사하지 않나. 전두환·신군부가 그것에 앙심을 품고 보복을 한 것이다. 그래서 나이도 많이 먹었고 이미 예편한 강창성

• 노조 활동가를 비롯해 독재 권력을 비판해온 이들을 표적으로 삼아 삼청교육대에 끌고 가는 경우도 많았지만, 사회 운동과는 아무런 상관도 없는 사람들을 마구잡이로 끌어가는 경우도 적지 않았다. 각 경찰서에 인원을 할당한 것에 더해 '주민 지탄을 받는 자' 식으로 대상자를 모호하게 규정한 점 등이 작용해 벌어진 일이다. 심지어 짜장면 내기 화투판을 구경하던 사람을 끌고 가거나 사적으로 악감정을 품은 사람을 '삼청교육대에 보내라'고 고발하는 등의 어처구니없는 일이 곳곳에서 생긴 것도 그 때문이다.

을 연행해 삼청 교육을 받게 한 것이다.°

극심한 가혹 행위와 인간 이하 취급,
교육 과정에서 사망자 속출

── 삼청 교육, 어떻게 진행됐나.

33사단 사례를 통해 순화 교육 실태를 살펴보자. 교육 기간은 4주로 하되 각개 전투, 구보, 유격 등 육체를 주로 써야 하는 훈련을 실시했다. 훈련 기간 중 삭발을 시키고 금주, 금연을 지키게 했으며 신문, 잡지 구독 및 라디오 청취, TV 시청을 금지했다. 정해진 교육 시간은 192시간이었는데 유격 훈련 60시간, 각개 전투 30시간, 제식 훈련 30시간으로 하고 정신 교육은 24시간으로 제한해 육체적 고통을 주는 데 중점을 뒀다(8시간은 기타). 훈련 상태 불량자에게는 특수 교육을 시켰다. 순화 교육을 받을 때 반성 구호를 외치게 했는데 식탁에서 합창한 구호 중에는 "돼지보다 못하면 돼지고기를

● 1988년 치안본부가 국회 5공 특위에 제출하기 위해 마련한 자료에는 삼청 교육을 받아야 했던 사람들을 직업별로 분류한 내용이 담겨 있다. 고교생 980명, 대학생 429명, 교원(교수 포함) 13명, 공무원 32명, 언론인 36명, 의사 7명, 약사 3명, 축산업자 55명 등으로 분류돼 있다. 처음에 치안본부는 '삼청 교육 이수자 명단을 모두 파기해서 숫자 파악이 불가능하다'고 오리발을 내밀었지만, 그 명단이 치안본부에 보존돼 있다는 사실이 국정 감사에서 드러나자 뒤늦게 이 자료를 마련했다.
그런데 이 가운데 고교생 부분을 보면, 10대인 고교생이 그토록 많이 들어가 있었던 것도 이해하기 어려운 일이지만 '고교생 980명'은 정확한 통계가 아니었다. 국방부 과거사위에 따르면, 이 980명 중 17명은 중학생이었다. 또한 국방부 과거사위는 '불량배 소탕'이라는 명분과 달리 체포된 사람들 중 35.9퍼센트는 전과 사실이 전혀 없었다고 밝혔다.

먹지 말고 소보다 못하면 소고기를 먹지 말자"는 것도 있었다.

삼청 교육은, 군부대에 따라 차이가 있을 수 있지만, 아주 특이하게 운영됐다. 국방부 과거사위 보고서에 의하면, 오전 6시에 기상하게 해서 오후 6시까지는 순화 교육을 진행했다. 오후 6시 이후에는 어떠했느냐. '구치소'에서, 국방부 과거사위는 '구치소'라는 표현을 썼는데, 밤 10시부터 자정까지 2시간 취침시킨 다음에 깨워서 훈련을 시키고 다시 잠깐 눈을 붙이게 하는 걸 2시간 간격으로 반복했다. 예컨대 자정에 기상을 시켜서 30분간 PT 체조, 팔 굽혀 펴기, 쪼그려 뛰기 등 심한 육체적 고통을 주는 특수 훈련을 시킨 다음 1시간 30분 후에 다시 일어나게 했다. 그런 식으로 자정, 오전 2시, 오전 4시에 깨운 것이다. 그런 일이 오전 6시까지 세 차례에 걸쳐 반복됐다.

그러니까 밤 10시부터 자정까지 2시간 동안만 그래도 좀 편안하게 눈을 붙일 수 있게 하고 나머지 시간에는 편하게 잠자는 것도 어렵게 만든 것이다. 순화 교육에서 휴식 및 자유 시간은 일절 허가하지 않았을 뿐만 아니라 취침 시간에도 이런 방식으로 제약을 가했다.

삼청 교육이라는 건 아주 심한 가혹 행위의 연속이었다. 구타, 얼차려 같은 걸 통해 육체적 고통을 주는 일이 계속됐다. 국방부 과거사위원회의 피해자 진술을 보면, 김아무개는 교육은 거의 받지 못하고 밤낮을 가리지 않고 기합을 받았으며, 야밤에 옷을 벗긴 다음 찬물을 붓거나 각목과 쇠파이프로 수없이 자신을 폭행했고, 철조망 근처만 가도 실탄 사격을 했다고 말했다. 강원도 화천군 사창리 부대에 있던 안아무개의 경우 추운 겨울인데도 새벽에 연병장에 집합시킨 다음 물 묻은 빗자루로 알몸에 물을 뿌리고 움찔거릴 때마다 몽둥이로 구타하는 일을 당했다고 한다. 이 사람은 4주 교육을 받으면 전과를 말소해준다는 형사 말에 '전과 없이 깨끗이 살고 싶어' 입소했다. 그리고 삼청 교육을 받던 중 11사단 감호생 소요 사건으로 무기형을 받고 복역하다가 1989년 청송감호소에서 출소했다. 박아무개는 교육받으면서 제일 참기 어려운 것이 배고픔이었고, 동료들 간에 서로 좋고 나쁜 사람을 평가하라는 것이었다고 말했다.

— 죽거나 다치는 사람을 양산할 수밖에 없는 방식 아니었나.

삼청 교육은 일종의 고문 행위와 비슷할 정도로 고된 것이었기 때문에 사망자, 부상자가 속출했다. 특히 입소 당일에는, 일종의 기선을 제압하기 위해 하는 것이었겠지만, 강한 훈련과 구타가 있어서 입소 후 3일 이내에 발생한 사망 사건이 12건으로 나타나 있다. 삼청 교육 전 과정에서 발생한 사망자는 54명으로 나와 있는데, 이 중 절반이 넘는 28명이 순화 교육 과정에서 사망할 정도로 아주 가혹한 훈련을 시켰다. 사실 54명은 공식 사망자이고 이것 말고도 많은 사망자가 있다고 하는데, 누군지 명단도 정확히 알려져 있지 않기 때문에 여기서는 일단 공식 사망자 54명을 가지고 이야기할 수밖에 없다.

그런데 이 54명을 보면 그중 36명은 병으로 죽은 것으로 처리됐고 단 10명만 구타에 의한 사망으로 돼 있다. 여러 증언을 보면 이보다 사망자가 훨씬 많을 수 있다. 예컨대 경기도 파주의 1사단에서 삼청 교육을 담당한 한 조교는 자신이 속한 연대에서만 11명이 사망했는데 모두 구타로 인해 사망했고 다 암매장했다고 증언했다고 한다. 그런데 국방부가 발표한 1사단 사망자는 3명으로 돼 있다. 이런 식으로 차이가 난다고 채환규 PD가 쓴 글에 나온다. 사망자 대부분은 가족이나 연고자가 없는 노숙자 또는 부랑인이어서 그것에 항의할 사람도 이제는 없는 셈이다.

순화 교육은 남성만 받은 게 아니라 여성도 받았다. 윤락 여성이나 포주, 계주들이 주요 대상이라고 했는데 여기서도 할당 인원을 채우기 위해 마구잡이로 끌고 간 경우가 많았다. 1차 입소자로 입소한 여성이 273명이었고 2차로 46명이었다. 1차는 3주간, 2차는 2주간 순화 교육을 받았다. 이렇게 319명의 여성이 순화 교육이라는 걸 받아야 했는데, 이 가운데 217명은 전과가 없었다. 여성들에 대한 교육 내용은 남성 교육대와 기본적으로 같았으나 유격 훈련 일부는 제외됐다. 유격 체조의 경우 미용 체조라는 이름으로 훈련시켰다. 여성들은 연병장 바닥에 머리를 박는 원산폭격과 쪼그려 뛰기를 특히 힘들어했다.

— 삼청교육대에 끌려간 주요 표적 중 하나는 민주 노조 운동가들이었다. 이들은 당시 어떤 일을 겪어야 했나.

순화 교육을 받은 사람 가운데에는 민주 노조 활동을 한 사람들도 포함돼 있었다. 1980년 당시 원풍모방 노조 총무부장이었던 노동 운동가의 증언에 따르면, 소위 노동계 정화 차원으로 합수부에 끌려간 민주 노조 간부 중 일부는 강제로 사직서를 제출해야 했고 그러면서 원풍모방을 비롯해 1970년대 민주 노조 운동에 앞장섰던 한일도루코, 청계피복, 원풍타이어 등의 노조 간부 22명 또는 그 이상이 삼청교육대에 끌려가 4주간 순화 교육을 받을 수밖에 없었다.

삼청교육대에 입소한 노조 간부들은 대다수가 합수부나 군부대 요원에 의해 회사에 사직서를 내게 됐다. 원풍모방 부지부장 박순희는 박정희 유신 정권, 전두환·신군부가 민주 노조를 계속 파괴하고, 남은 원풍모방 노조까지 무력화하기 위해 노조 간부 몇 명을 먼저 시범 케이스로 삼청교육대에 보낸 후 '노조 정화' 조치로 1980년 12월에 또 간부들을 삼청교육대로 보냈다고 진술했다. 또한 일부 여성 조합원에게 '노조 활동을 계속할 경우 삼청교육대에 보내겠다'고 계속 협박했고, 계엄사 수사관들이 해직 조치 이후 기숙사에 와서 짐을 꾸리는 것을 감시하고 고향에 갔는지까지 확인했다고 말했다.

충주 MBC 사장 유호도 삼청교육대에 끌려갔다. 신군부가 누구누구를 해직시키라며 '정화 대상자'를 내려 보냈는데, 유호는 그 지시를 따르지 않았다. 계엄 당국의 보도 검열도 여러 차례 거부해 이미 미운털이 박힌 상태였다. 그래서 결국 삼청교육대에 끌려갔다.

지옥 같은 삼청 교육 후 닥친
또 다른 재앙, 보호 감호 처분

— 전두환·신군부는 사회악 일소, 사회 정화를 명목으로 삼청 교육을 밀어붙였다. 그런데 이들의 행적을 살펴보면 과연 사회 정화를 운운할 자격이 있는 자들이었나 싶다. 어쨌건 그렇게 해서 수많은 사람이 삼청교육대에 끌려갔는데, 삼청 교육이 끝난 후에도 고통은 계속되지 않았나.

삼청교육대에 끌려간 사람들 가운데 상당수는 삼청 교육을 받은 후에 또 보호 감호 처분을 받았다. 순화 교육 자체가 정말 있을 수 없는 인권 유린이었는데, 그것에 더해 보호 감호 처분까지 받은 것이다.

사회보호법은 1980년 12월 18일 제정됐는데, 이건 국가보위입법회의에서 만든 악법이다. 죄를 범한 자로서 재범 위험성이 있고 특수한 교육, 개선 및 치료가 필요하다고 인정되는 자에 대해 보호 처분을 해 사회 복귀를 촉진하는 법이라고 내걸었지만, 실상은 그와 달랐다. 특히 전과자들에 대해 아주 가혹한, 죄형 법정주의를 넘어선 처벌을 가하는 악법으로 비판을 계속 받게 된다.

사회보호법은 명칭이 시사하듯이 전과자나 부랑아를 사회에서 격리해 사회를 보호하겠다는 발상에서 비롯됐다. 삼청 교육이 전두환·신군부의 핵심 사업으로 시작됐다면, 그것을 일회성으로 끝내지 않고 지속적으로 추진하겠다는 것이 다름 아닌 사회보호법이었다. 사회보호법은 일시적인 강권 발동이었던 삼청 교육을 이어받고 법제화해 삼청 교육의 후신으로 만들어진 또 하나의 핵심 사업이었다.

따라서 삼청 교육 피해자들이 사회보호법의 대상이 된 것은 전두환·신군부에게는 아주 자연스러운 일이었다. 전두환·신군부는 사회보호법 부칙 제5조 1항에 순화 교육을 받은 사람 중 재범 위험성이 있다고 인정되면 일정 기간 동안 또 보호 감호에 처할 수 있다는 조항을 집어넣었다.

1981년 1월 16일 사회보호위원회는 삼청 교육 관련자 중 7,578명에 대해 보호 감호 처분을 내렸다. 그런데 아직 감호소 건물이 신축되지 않았기 때문에 군 시설을 대신 사용했다. 그러다가 1981년 12월 2일 청송보호감호소가 신축되자 그 직후 여기로 2,416명을 이송했다.

그러니까 사회보호법을 먼저 만들어놓고 그다음에 청송보호감호소를 세운 건데 감옥 못지않은, 감옥과 사실상 똑같은 것에 감호소라는 이름을 붙여놓고 거기에 사회보호법이 적용된 사람들을 가둔 것이다. 그중에는 지금 말한 것처럼 삼청 교육을 받은 사람들이 들어 있었다.

삼청 교육 후 20년이 넘도록
국가는 피해자들을 외면했다

— 부당하게 삼청교육대에 끌려가 고통을 겪은 이들에 대해 국가는 어떤 조치를 취했나. 피해자들의 망가진 인생을 온전한 상태로 되돌릴 수는 없겠지만, 그래도 국가의 이름으로 사과하고 그 상처를 어루만지는 건 당연한 일 아닌가.

삼청 교육 후 보호 감호 처분을 받은 사람들은 그 과정에서 재판 한 번 받을 수 없었다. 재판 같은 절차도 없이 1~5년의 보호 감호 처분을 당국이 정하면 그대로 따라야 하는 상황으로 내몰렸다. 아울러 청송보호감호소는 그 후 '격리된 절해고도'로도 불리며 인권 사각지대로 악명을 떨치게 된다.

삼청 교육 이외에 감당해야 했던 고통은 보호 감호 처분만이 아니었다. 삼청 교육 대상자 중 순화되지 않았다고 당국이 지목한 사람들은 전방 부대에서 근로 봉사라는 걸 해야 했다. 구타와 얼차려 등 가혹 행위를 당하며 근로 봉사를 해야 했던 사람은 1만 16명에 달한다.

국보위에서는 삼청 교육을 마치면 기록을 말소하겠다고 약속했지만, 그것 역시 거짓말이었다. 삼청 교육을 받은 사람들의 기록은 경찰로 고스란히 넘어갔다. 경찰은 범죄 수사용이라는 명목 아래 노태우 정권 초기까지 그 자료를 활용했다. 그뿐 아니라 거주 지역의 동사무소, 면사무소에도 관련 기록이 따라다니며 삼청 교육을 받은 사람들을 계속 괴롭혔다.

삼청 교육을 받은 사람들의 피해는 아주 심각한 문제였기 때문에 전두환이 대통령에서 물러날 즈음, 그러니까 1987년 6월항쟁 직후에 바로 문제가 됐다. 그런 상태에서 대통령에 취임한 노태우가 1980년에 공직자로 해직된 자, 광주민주화운동 관련자 등과 함께 삼청 교육으로 인권 침해를 당한 사람들에 대해 피해 보상 및 명예 회복을 시켜주겠다고 약속하는 특별 담화를 1988년 11월 26일 발표했다.

그에 따라 삼청 교육 관련자들에게 피해자 신고를 받았다. 삼청 교육 과정에서 발생한 공식 사망자가 54명이라고 앞에서 말했는데, 이때는 그러한 사망으로 52명의 신고가 접수됐다. 그 외에도 삼청 교육 후유증을 앓다가 사망한 397명, 행방불명 4명, 삼청 교육으로 인한 상이자, 즉 다친 사람들 2,768명 등 총 3,221명이 피해 신고를 했다.

이처럼 대통령이 특별 담화를 발표하고 그에 따라 피해 신고도 접수했지만, 후속 조치는 여러모로 부실했다. 피해 보상도, 명예 회복도 제대로 이뤄지지 않았다. 2000년대 초반까지 그런 상태였다가 노무현 정부에 들어와서 '삼청교육대 피해자의 명예 회복 및 보상에 관한 법률'이 제정됐다. 그것에 따라 2004년 9월 16일부터 2005년 7월 30일 사이에 다시 삼청 교육 피해자들을 대상으로 명예 회복 및 보상금 신청을 받았다. 그 결과 4,644명(교육 중 사망자 44명, 후유 사망자 884명, 상이자 3,697명, 행불자 19명)이 신청을 했다. 이 가운데 68.4퍼센트인 3,177명이 2006년 11월 초까지 보상 결정자로 처리됐다.

삼청 교육 피해자들 가운데 직접적인 외상이 없다 하더라도 고문 피해자나 포로수용소 피해자와 같이 정신적으로 여러 장애 현상을 잃고 있는 사람이 꽤 있다. 삼청보상위원회에서 김아무개 경우처럼 정신 분열증, 인격 장애, 알코올 의존 증세가 삼청 교육과 관련이 있다고 인정받은 사례도 있지만, 스트레스 장애 증세에 대한 피해 실태 조사가 이뤄지지 않아 피해 현황도 제대로 파악되지 않았다.

국방부 과거사위원회는 2006년 11월 〈삼청교육대 사건 진상 조사 보고서〉를 내면서 정부가 피해자와 국민에게 공개 사과를 할 것을 권고했다. 삼청 교육 기간 중 발생한 의혹이 있는 사망 사건은 재조사를 해야 하며, 피해자들의 '외상 후 스트레스 장애'에 대한 실태 조사 및 그에 대한 적절한 의료 대책을 강구할 것을 제안했다. 이 위원회는 특히 현행 보상 법률이 삼청 교육 피해자를 사상자와 실종자에 국한하고 그 금액도 다른 민주화 운동 보상액보다 적게 책정된 점을 지적했다. 사상자 및 후유 상이자뿐만 아니라 국가의 불법 행위에 의해 피해를 본 모든 삼청 교육 피해자들에게 조속히 적절한 보상이 이뤄져야 한다는 지적이었다.

— 삼청교육대 문제를 바로잡기 위한 조치가 6월항쟁 이후 부분적으로 있긴 했지만, 피해자들의 아픔을 달래기엔 매우 부족했다. 삼청교육대 피해자들에 대한 잘못된 인식 역시 사라지지 않고 있다. 안타까운 현실이다.

6월항쟁 이후 인권 유린 문제가 거론됐는데도, 극단적으로 인권을 유린당한 삼청교육대 문제는 오랫동안 사회로부터 따돌림을 당하고 피해자 자신의 잘못으로 인식됐다. 이 때문에도 삼청교육대 문제는 우리 사회의 큰 상처로 남게 됐다.

2018년 해를 넘기면서 삼청교육대 피해자들에게 약간의 희망이 생겼다. 대법원에서 12월 28일 삼청교육대의 근거가 된 계엄 포고 13호가 위헌, 위법이므로 무효라고 판결해 재심 기회가 열린 것이다. 대법원은 "계엄 포고 13호는 '군사상 필요한 때'에 해당하지 않는데도 발령되는 등 헌법과 법률이 정한 요건을 갖추지 못한 채 발령됐다. 내용도 신체의 자유와 거주·이전의 자유 등 헌법상 기본권을 침해하며, 죄형 법정주의의 명확성 원칙과 영장주의에 위배되는 것이어서 위헌, 위법해 무효"라고 적시하고 재심 사유에 해당한다고 밝혔다. 38년 만에 판결이 나온 건데, 너무 오래 지나고 해서 재심 청구가 얼마나 될지 걱정이다.●

● 피해자들은 기나긴 시간 동안 고통 속에서 몸부림쳐야 했지만, 가해자들에 대한 처벌은 제대로 이뤄지지 않았다. 이와 관련, 한국일보는 삼청교육대인권운동연합이 발간한 《2001 삼청교육대 백서》를 바탕으로 "1980~1981년 삼청교육대에서 민간인 3명을 폭행 치사한 군인 7명이 군법회의에서 유죄가 확정돼 실형 판결을 받았지만 정호용 씨 등 당시 소속 부대 지휘관에 의해 형 집행이 면제된 사실이 당시 군법회의 판결문 등을 통해 밝혀졌다"고 2002년 1월 4일 보도했다. 이에 따르면 당시 민간인을 숨지게 한 군인 8명에게 1년 6개월에서 4년의 징역형이 선고됐지만, 집행 유예가 선고된 1명을 제외한 7명은 군법회의 관할관인 부대 지휘관 재량으로 열흘 이내에 형 집행 면제 처분을 받았다. 그중에는 판결 다음 날 풀려난 경우도 여럿 있다.
일선에서 삼청 교육 대상자들을 직접 다룬 실무자들뿐만 아니라 삼청 계획을 만들고 실행한 윗선도 제대로 처벌을 받지 않았다. 중앙정보부 감찰실장으로 국보위 사회정화분과위원장을 맡았던 김만기를 비롯한 몇몇 인사가 노태우 정권 초기에 국회 5공 특위 증인으로 출석해 추궁을 받은 정도였다. '인간 재생', '악으로 얼룩진 과거를 씻고 새 사람이 되는 곳', '개과천선의 장' 등으로 삼청 교육 현장을 묘사하며 왜곡 보도를 쏟아냈던 다수의 언론이 반성하는 모습도 찾아볼 수 없었다.
상황이 이러했기 때문에 30여 년이 지난 박근혜 정부에 들어와서도 삼청교육대 문제는 불거질 수밖에 없었다. 2015년 초 세간의 관심을 모은 이완구 국무총리 후보자의 삼청교육대 관련 의혹이 대표적인 사례다. 삼청교육대 관련 의혹 등 여러 문제점이 제기됐지만 이완구 후보자는 총리가 됐다. 이완구 총리를 끌어내린 건 삼청교육대 관련 의혹이 아니라 성완종 리스트였다. 이에 앞서 2014년에는 교육부가 EBS 수능 교재에서 삼청교육대 관련 내용을 제외하라는 지시를 내렸다는 보도가 나오기도 했다. 박근혜 정부에서 삼청교육대 문제를 어떻게 바라보는지를 다시 한 번 생각하게 만든 사안들이다.

김대중 내란 음모 사건과 일본 정부,
노골적으로 전두환 지지한 미국

전두환과 5공 잔혹사, 세 번째 마당

고문으로 조작한
김대중 등의 내란 음모 사건

김 덕 련 1980년 하반기와 1981년 상반기에 대통령 취임식이 연이어 거행됐다. 반년 만에 전두환이 두 번이나 대통령 자리에 오르면서 생긴 일인데 그 과정을 짚어봤으면 한다.

서 중 석 이제 이른바 제5공화국, 그러니까 전두환·신군부 정권의 탄생 과정을 살펴보자. 그러한 전두환·신군부 정권이 만들어지는 과정에서 빼놓을 수 없는 중요한 사건이 이른바 김대중 등의 내란 사건이다.

1980년 5·17쿠데타가 일어나면서 김대중이 연행됐다. 그다음 날 오후 계엄사는 사회 혼란 조성 및 소요 관련 배후 조종 혐의로 김대중을 비롯해 예춘호, 문익환, 김동길, 인명진, 고은, 리영희를 체포했다고 발표했다. 공수 부대 등 군이 광주 외곽으로 물러난 다음 날인 5월 22일에는 김대중이 대중 선동과 민중 봉기로 정부 전복을 기도하고 학생 소요를 배후 조종했다고 발표했다. 5월 31일 계엄사는 "김대중이 전남대와 조선대의 추종 학생들을 조종, 선동하여온 것이 (광주) 소요 사태의 발단이 됐다"고 발표했다. 어느 때보다도 구체적으로 광주항쟁 배후에 김대중이 있었던 것처럼, 김대중이 그걸 조종한 것처럼 조작해서 발표한 것이다.

그리고 나서 계엄사는 7월 4일 '김대중 일당의 내란 음모 사건' 수사 결과라는 것을 발표했다. 이 발표 얼마 전에 전두환·신군부의 합동수사단장 이학봉 대령이 김대중을 회유도 해보고 떠보기 위해 남산 지하실로 찾아왔다. 남산에 찾아온 날짜를 김대중은 회고록에

7월 10일이라고 기록했지만,《이희호 평전》에 나와 있는 6월 28일이 맞을 것이다.

─── 이학봉과 김대중 사이에 어떤 얘기가 오갔나.

이학봉은 이렇게 말했다. "당신은 분명히 죽는다. 재판 같은 것은 요식 행위다. 당신을 그냥 놔두고는 우리가 해나갈 수가 없다. 당신이 사는 유일한 길은 우리와 협력하는 것이다. 대통령만 단념하면 우리와 협력이 된다." 김대중은 듣기만 했다. 이학봉이 가고 난 후 중앙정보부 직원이 신문을 한 뭉치 들고 왔다. 김대중은 그때 처음으로 광주항쟁을 알았다고 한다. 이학봉이 두 차례 더 왔지만 김대중은 "나는 죽기로 작심했으니까 더 이상 말할 것이 없다"고 말했다.

그러고 나서 7월 4일 수사 결과가 발표됐는데 요지는 이렇다. "김대중과 추종분자 일당들이 국민연합을 주축, 전위 세력으로 하여 방대한 사조직을 형성, 주로 복학생을 행동대원으로 내세워 대중 선동에 의해 학원 소요 사태를 일으키고 이를 폭력화하여 전국에서 일제히 민중 봉기를 일으킴으로써 유혈 혁명 사태를 유발, 현 정부를 폭력으로 전복, 타도한 후 김대중을 수반으로 하는 과도 정권을 수립, 집권하려는 내란 음모 행위의 전모가 드러났다." 계엄사 합수부는 7월 12일 김대중 등 37명을 계엄보통군법회의 검찰부에 구속 송치했다.

이처럼 전두환·신군부는 7월 4일에 와서 내란 음모라는 죄목을 뚜렷하게 하는 한편 사형을 선고할 수 있도록 하기 위해 또 하나의 조작을 했다. 내란 음모로는 징역형밖에 때릴 수 없기 때문에 그렇게 한 것이다.

── 그게 무엇이었나.

뭐냐 하면 7월 4일 이날 계엄사는 내란 음모 이외에도 "김대중이 반국가 단체인 재일 한민통(한국민주회복통일촉진국민회의)을 발기, 조직, 구성하여 그 수괴로 있으면서 북괴의 노선을 지지, 동조하는 등 반국가적 행위를 자행하고 외화를 불법 소지, 사용한 혐의 등도 드러났다"고 밝혔다. 그렇게 되면 국가보안법을 적용해서 사형을 선고할 수 있었다.

그런데 문제는, 이 경우에는 김대중 납치 사건(1973년) 후 한일 정부 간에 이른바 타결이라는 걸 봤는데 그것에 위반될 수 있었다는 것이다. 그래서 일본 정부가 그것에 대해 반발할 수 있었다.

계엄사 합수부가 김대중 등을 군법회의 검찰부에 넘기기 3일 전인 7월 9일에 와서야 김대중과 관련자들에게 구속 영장이 발부됐다. 이들은 5월 17일 밤 또는 그 직후부터 연행돼 길게는 53일 동안 불법 감금 상태에서 아주 심한 고문을 받았다. 그러다가 7월 9일이 돼서야 구속영장이 발부된 것이다. 전두환·신군부는 7월 31일 최종적으로 김대중, 문익환, 시인 고은, 김상현 등 24명을 군법회의에 기소했다. 여기에는 심재철도 포함돼 있었다. 앞에서 말한 것처럼 김대중에 대해 내란 음모를 가지고는 사형까지 갈 수 없기 때문에 한민통 쪽으로 꿰맞춰가지고 사형을 선고할 수 있게끔 기소했다.

그에 앞서 7월 15일 김대중은 육군 교도소로 이송됐다. 중앙정보부 지하실에 갇힌 지 거의 60일 만에 이송되면서, 잡혀간 후 바깥 세상을 처음으로 구경했다. 전두환·신군부 쪽에서 김대중을 내란

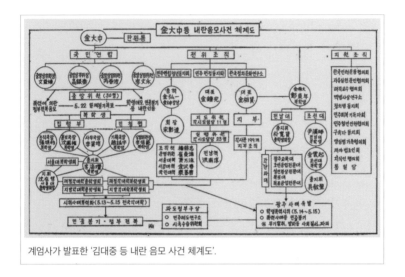

계엄사가 발표한 '김대중 등 내란 음모 사건 체계도'.

음모로 엮을 때 긴밀히 연결시켜놓은 게 전남대 복학생 정동년이
다. 이 사람을 혹독하게 고문해서 '김대중한테 돈을 받고 광주에서
학생들을 선동했다'고 억지 자백을 하게 한 것이다. 군 검찰은 처음
에 내란죄로 몰려고 했으나 너무 말이 안 된다고 생각했는지 내란
선동죄로 바꿨다. 이 내란 선동죄라는 건 고문으로 강요한 정동년
자백 외에는 어떤 증거도 없었다.

── 구체적으로 어떻게 엮었나.

김대중 내란 음모 사건 공소장에는 이렇게 기술돼 있다. "김대
중이 4월 12일(13일의 오기임) 자신을 찾아온 정동년을 격려했고, 5월
5일 정동년이 다시 찾아왔을 때 500만 원을 요청하자 우선 300만
원을 주었다. 5월 8일 200만 원을 주는 등 시위 자금을 지원했다.
그리고 정동년은 김대중 지시에 따라 5월 6일 전남대 총학생회장인

계엄사는 내란 음모 사건 증거물로 만년필, 김일성 훈장을 모방한 신표, 미국 달러, 화염병, 대침 등을 제시했다.

박관현에게 270만 원을, 5월 10일 조선대 시위 책임자 윤한봉에게 170만 원을 시위 자금으로 주었다. 5월 18일 전남대 가두시위를 배후 조종하고, 이어서 조선대 학생들도 전남대 가두시위에 합류시켜 광주 사건의 도화선이 되게 했다."

이처럼 모두 정동년을 매개로 광주 시위를 배후 조종한 것으로 돼 있었다. 그런데 김대중은 정동년을 알지 못했고, 정동년도 김대중을 만난 적이 없었다. 다만 4월 13일에 김대중 자택을 방문했다는 것이 방명록에서 발견되자 신군부가 시나리오를 만들어낸 것이다. 정동년이 김대중을 방문한 것은 강연회를 부탁하기 위해서였는데, 김대중 집이 너무 붐벼 비서 김옥두와 강연 일자를 조정한 것이 전부였다.

전두환·신군부가 국민들을 너무 우민시하고 기만했다는 것은, 정동년이 5월 17일 일제 검거 때 체포됐기 때문에 김대중과 마찬가지로 광주항쟁과 관련이 있을 수 없었고 광주항쟁을 알지도 못했다는 것을 통해서도 드러난다. 물론 정동년이 돈을 줬다는 박관현도, 윤한봉도 광주항쟁에 나서지 않았다. 정동년, 박관현, 윤한봉은 광주항쟁과 관련이 없었다. 공소장에 적혀 있는 어느 누구도 광주항쟁과 관련이 있을 수가 없는데, 광주항쟁을 배후 조종했다고 한 것이다.

그러면 정동년은 왜 돈을 받았다고 진술서에 썼느냐. 박정희, 전두환이 '전가의 보도'로 써먹은 고문 때문이었다. 정동년은 허위 자백을 했다는 죄책감 때문에 교도소로 송치된 후 자살을 기도했다. 숟가락을 뾰족하게 갈아 동맥을 끊고 배를 10여 군데나 찔렀으나 감시원에게 발각되면서, 두 번이나 기도한 자살은 미수에 그쳤다.

김대중 큰아들 김홍일 등 동교동에서 5월 17일에 끌려간 사람들 가운데 가장 심한 고문을 당한 사람은 비서 김옥두였다. 4월 13일 정동년을 만났기 때문이다. 정동년이 김대중한테 500만 원을 받았다는 것을 김옥두가 부인하자, 신군부는 그것 하나 가지고만 닷새 동안 쉬지 않고 고문했다. 김옥두가 정신을 잃었다가 깨어나 보니 팔뚝에 링거 주사기가 꽂혀 있었다. 이마가 찢어져 일곱 바늘이나 꿰맨 상태였고, 왼쪽 고막이 터져 진물이 흘렀다. 팬티와 셔츠는 핏물에 젖어 걸레처럼 돼 있었다.

요식 행위에 불과했던 재판, 변호사 선임조차 어려웠다

— 재판은 어떻게 진행됐나.

변호사를 구하는 것이 가족들의 급무였다. 이학봉 말대로 재판은 요식 행위였고 검찰 공소장도 중앙정보부 것을 그대로 베낀 것이었으나, 그래도 가족이나 본인은 변호사를 잘 쓰면 뭔가 달라질 수도 있지 않겠느냐는 마음이 한구석에 있었다. 이희호는 집에 갇혀 있었고 문익환, 이문영, 이해동 목사 부인들이 함께 변호사를 구하러 다녔다. 박세경 변호사가 선뜻 응하자 신군부는 엉뚱한 죄목으로 박 변호사를 구속했다. 1970년대 민청학련 사건 때와 그 직후에 변호사들이 구속되고 그랬는데, 이제는 신군부가 박세경 변호사를 구속한 것이다. 그래서 변호사를 선임할 수 없었다.

그런데 이도성 기자 책에는 김대중 등 기소된 24명의 변호사 중 허경만, 이세중 등 10명의 변호사가 사선 변호사로 이름이 나와 있다. 물론 김대중이나 문익환 등이 원한 변호사는 선임되기가 불가능했을 것이다. 어쨌든 사선 변호사 이름이 나와 있는데, 김대중 회고록과 《이희호 평전》에는 관선 중심으로 재판을 받은 것으로 나온다.

8월 8일에 와서야 이희호가 김대중을 면회했다. 이희호도 처음으로 연금이 풀린 것이었다. 김대중이 부인을 만날 수 있었던 것은 단식 때문이었다. 김대중은 가족 면회도, 변호사 선임도 되지 않자 단식으로 항의했다. 김대중 재판에 국제적인 관심이 쏠려 있었기 때문에 당국은 당황했고, 그래서 가까스로 면회를 할 수 있었다.

군사 재판은 8월 14일에 시작됐다. 취재진은 내신 4명, 외신 2명으로 엄격히 제한했는데 미국, 일본 정부의 관심도 컸기 때문에 이쪽은 예외적으로 대우를 받았다. 아시아워치, 국제변호사협회 관계자들도 몰려왔다. 미국은 1심 재판을 앞두고 국무부 법률 고문 제프리 스미스를 보냈다. 스미스는 1심 구형 때까지 빠지지 않고 방청했다. 미국 국무부 관리가 서울에 와서 재판을 방청한 것은 이때가 처음이자 마지막이라는 말도 있다.

재판은 예상대로 요식 행위였다. 국선 변호인 중에도 소종팔처럼 검사와 일전을 각오한 발언을 한 경우가 있지만, 소종팔은 재판 중에 쫓겨났다. 변호사들은 아예 없는 것이 나았다. 검사 논고와 비슷한 변론도 있었다. 듣다못해 송기원, 김종완 등이 "변론하지 말라는데 왜 자꾸 헛소리냐"라고 소리를 질렀다. 변호사와 검사 사이에 고성이 오간 것이 아니라 피고와 변호사 간에 삿대질과 고성이 오갔다. 재판은 형식적이고 김대중 사형 선고는 이미 정해졌다지만, 그래도 김대중은 기대하는 것이 있었다.

일본에 기대 건 김대중,
'우려 표명' 시늉만 낸 일본

—— 무엇이었나.

김대중 납치 사건 이후 소위 한일 간에 '결착'이 이뤄져, 납치에 가담한 중앙정보부 김동운을 면직시키는 대신 더 이상 김동운 건을 문제 삼지 않고 망명 중 김대중이 일본에서 말하고 행동한 것을 문제 삼지 않기로 한 것이다. 그러니까 한민통 활동도 문제 삼아서는 안 됐다. 그러면 국가보안법 1조를 적용해 사형을 선고하는 것이 어려울 수 있었다.

김대중 납치 사건에 한국 중앙정보부가 개입했다는 명백한 증거가 나왔는데도, 당시 다나카 일본 수상은 주권 침해라고 단정하는 것은 말도 안 되며 한일 우호 관계가 더 중요하다고 하면서 박정희 정부에 책임을 묻는 것을 극력 피하려 했다. 심지어 일본 정부는 김대중을 감시, 미행한 자위대원에게 잠적하라며 도피 자금까지 대줬다.

그렇기 때문에 전두환·신군부도 김대중 재판으로 일본 정부를 난처하게 만들어서는 안 됐다. 그래서 이도성 기자에 따르면 공소장을 교묘하게 꾸몄다. 기소 사실을 시간에 따라 기술했을 뿐 공소장 기재 사실이 해당 법규 어느 조항의 구성 요건인지 명기하지 않아, 일본 정부가 그냥 넘어가게 한 것이다. 그뿐 아니라 일본 측에 전달하는 공소장을 변조하기까지 했다. 주한 일본 대사관이 한국 외무부로부터 받은 것은 검찰관이 낭독한 공소장과 앞뒤를 바꿔놓는 등 내용이 달랐다. 일본 측에 전달한 것은 김대중이 일본에서 보인 언동과 납치 후 국내에서 보인 언동을 따로 떼어 기술했으나, 법정에서 낭독한 공소장에는 두 부분이 연결돼 있었다.

김대중은 자서전에 이렇게 썼다. "일본에서 나의 활동을 문제 삼는 신군부의 행태는 반드시 일본 정부가 문제 삼을 것이라 생각했다. 그것이 그 당시로는 가장 큰 버팀목이었다. 희망을 가질 수 있는 유일한 끈이기도 했다." 그러나 김대중의 기대는 산산조각 나게 돼 있었다.

— 어떤 면에서 그러했나.

김대중은 일본 정부와 전두환·신군부의 유착 관계를 몰랐다. 일본 측은 이미 12·12쿠데타에 대해서도 미리 들었고, 그러면서 북한의 남침이 있을 것이라는 등의 허위 정보를 6~7차례에 걸쳐 전두환 쪽에 줘서 전두환·신군부의 권력 탈취를 지원했다. 특히 1980년 5월 10일 일본 정부 내각조사실에서 준 남침 정보를 전두환은 계엄을 전국으로 확대하는 등 5·17쿠데타를 일으키는 데 유용하게 이용했다. 일본 정부는 전두환·신군부의 광주 유혈 진압도 지지했다.

결국 김대중은 자서전에 이렇게 썼다. "그러나 일본은 아무런 조치도 취하지 않았다. 그저 정부 차원의 '우려 표명' 등의 시늉만 냈을 뿐이다. 나는 소위 민주 국가라는 일본이 이렇듯 인권에 둔감하고, 약속을 중시하지 않는 일에 분개하고 낙담했다."

9월 11일 김대중 등 24명에 대한 구형이 있었다. 김대중에게 "반국가 단체인 한국민주회복통일촉진국민회의(한민통)를 결성하여 그 수괴가 되어 국가 안전을 위협했다"며 사형을 구형했다. 이날 문익환, 이문영, 예춘호, 고은, 김상현, 서남동, 김종완, 한승헌, 이해동, 김윤식, 한완상, 유인호, 송건호, 이호철, 이택돈, 김녹영, 조성우, 이해찬, 이신범, 송기원, 이석표, 설훈(1명 불상) 등 23명의 최후 진술이 있었다. 모두 각계에서 쟁쟁한 인사들이라 경청할 만한 얘기가 많았는데 여기서는 3명과 관련된 것만 짧막히 소개한다.

김종완은 눈물을 흘리면서 "이미 당신들이 김 씨를 죽이기로 결정했고 이 재판은 요식 행위에 불과하다"고 말했다. 그러자 재판부가 제지했다. 격분한 김종완은 재판부를 향해 "야, 이 똥별들아"라고 소리를 지르고 끌려나갔다. 이해동은 이렇게 말했다. "사람으로

被告人別 一審宣告刑量

被告人	연령	직 업	선고형량	구 형 량	적 용 죄 명
金大中	55	무직	死刑	사형	내란음모 국가보안법 반공법 외환관리법 계엄법위반
文益煥	62	목사	死刑	징역 20년	내란음모 계엄법위반
李文永	53	교수	〃 20년	징역 20년	〃
芮春浩	52	전국민의회원	〃 12년	징역 15년	〃
高銀泰	47	시인	〃 15년	징역 20년	〃 계엄법위반표시자
金相賢	45	전국민의회원	〃 10년	징역 15년	〃
李信範	30	성균관대생	〃 12년	징역 15년	〃
趙誠宇	30	고려대생	〃 15년	징역 20년	〃
李海瓚	27	서울대생	〃 10년	징역 15년	〃 계엄법위반표시자
李錫杓	27	무직	〃 7년	징역 10년	〃
宋基元	32	고려대대생	〃 10년	징역 15년	〃
薛 勳	27	고려대생	〃 10년		〃
沈在哲	22	서 울 대 생	〃 5년	징역 7년	〃
徐南同	62	목사	〃 2년 6월	징역 3년	계엄법위반
金鍾完	47	양 은 업	〃 4년	징역 4년 6월	〃
韓勝憲	45	샐러리맨천주교	〃 4년	〃	〃
李海東	45	목사	〃 4년	〃	〃
金尤梠	65	무직	〃 2년 6월	징역 3년	〃
韓完相	44	교수	〃	〃	〃
兪仁浩	54	〃	3년 6월	징역 4년	〃
宋建鎬	52	무직	〃	〃	〃
李浩哲	54	소설가	〃	〃	〃
李宅敦	44	전국민의회원	〃 2년	징역 3년	〃
金祿永	55		〃 4년	징역 4년 6월	〃

1980년 9월 17일 김대중 등 내란 음모 사건 공판 피고인별 1심 선고 형량.

서는 도저히 당할 수 없는 곤욕을 치렀다. 결국 죽지 못하고 허위 사실을 모두 시인했다.” 고은의 목소리는 시인답게 색달랐다. “나에게 무기 징역을 내려달라. 새우튀김처럼 꼬부라져 말라 비틀어져 옥사하겠다.”

9월 13일 김대중이 1시간 48분에 걸쳐 최후 진술을 했다. 끝 몇 토막만 인용하자. “우리 국민 역량으로 볼 때 (19)80년대에는 자유와 민주가 꽃필 것입니다. 내가 죽더라도 국민들의 손에 의해 민주주의가 살아날 것을 확언합니다. 여기 앉아 계신 피고인들에게 부탁드립니다. 내가 죽더라도 다시는 이러한 정치 보복이 없어야 한다는 것을 유언으로 남기고 싶습니다.”

방청석 가족들은 최후 진술을 들으면서 하염없이 눈물을 흘렸다. 진술이 끝나자 박수를 보낸 가족들은 “우리 승리하리라, 우리

세 번째 마당

승리하리라"를 목청이 터지게 불렀다.

9월 17일 계엄보통군법회의 선고 공판, 이게 1심이었는데 여기서 김대중은 사형 선고를 받았다. 선고 공판은 6분 만에 끝났다. 그런데 이도성 기자에 의하면 도무지 이해할 수 없는 해괴한 사태가 벌어졌다. 사형을 선고한 판결문을 '극비'에 부친 것이다. 공소장이나 논고문은 모든 신문에 전문이 게재됐으나 유독 판결문만은 공개되지 않았다.

— 왜 그랬던 것인가.

한일 관계 때문이었다. 검찰 측은 외교상 문제('한일 결착')를 감안, 국내에서 한 활동만이 판결 소인訴因이 됐다고 주장했으나, 판결문을 보면 무려 여섯 쪽에 걸쳐 김대중의 미국, 일본 내 활동이 '범죄 사실'로 기재돼 있었다.

그러면 일본은 어떻게 나왔느냐. 9월 22일 스즈키 젠코 수상은 NHK TV 프로그램에서 이렇게 말했다. "사형 판결 후 즉각 일본 정부로서 우려를 전했다. 김대중 씨 문제가 우려하는 사태로 번지지 않기를 희망한다." 미국 국무부 장관 머스키의 "미합중국은 김대중 씨에게 극형이 내려진 것에 대해 심히 우려한다"는 성명이나, 서독 겐셔 외무부 장관이 유럽공동체의 모든 가맹국이 한국 정부에 항의할 것을 제안한 것보다도 미지근한, 유약한 발언이다. 김대중 말대로 '우려 표명' 시늉만 냈다. 그게 일본이었다.

항소심 선고 공판은 11월 3일 육본 대법정에서 열렸다. 항소를 기각하고 역시 1심대로 사형을 선고했다. 김대중은 자서전에 그 이틀 후인 11월 5일, 사형 선고보다 더 낙담한 일이 일어났다고 썼다.

뭐냐 하면 한국 시각으로 이날 미국 대통령 선거에서 민주당의 지미 카터 대통령이 공화당의 로널드 레이건 후보에게 패한 것이었다. 김대중은 "정녕 사형이란 말인가. 하느님이 나를 버리셨단 말인가"라고 자서전에 썼다.

7년 단임 대통령제로
이너 서클이 합의를 본 속사정

— 김대중 등의 내란 음모 사건을 조작해 야권 중 김대중 쪽 및 재야를 옭아매는 것에 더해 전두환·신군부는 어떤 움직임을 보였나.

전두환·신군부는 자신들이 집권하기 위한 헌법 만들기에 들어갔다. 7월 중순경 전두환은 보안사령관실에서 보안사 참모 정도영, 권정달, 허삼수, 이학봉, 허화평 그리고 이종찬 중앙정보부 총무국장, 허문도 중앙정보부장 서리 비서실장, 노태우 수경사령관과 함께 국보위에서 연구한 개헌안 골격을 보고받고 대통령 선출 방법과 임기, 국회의원 선거구제 등을 논의했다.

새 헌법에서 제일 중요한 문제는 대통령의 임기와 연임 문제였다. 대통령의 중임 문제, 연임 문제는 쉽게 합의를 볼 수 있었다. 뭐냐 하면 '단임으로 한다', 이 점에 대해서는 쉽게 합의할 수 있었다. 왜냐하면 신군부 이너 서클 구성을 보면 알 수 있듯이, 그리고 12·12쿠데타와 5·17쿠데타 과정을 보면 알 수 있듯이 전두환이 제일 중심적인 위치에 있었던 건 확실하지만 노태우라든가 다른 여러 사람들도 쿠데타에서 중요한 역할을 하지 않았나. 그렇기 때문에 한 사람만 계속해서 대통령이 된다는 것에 대해서는 신군부 이너 서클에서 합의를 보기가 어려웠다. 그래서 단임으로 쉽게 합의한 것이다.

문제는 임기였다. 1980년 8월 초순에 신군부 이너 서클에서 6년 단임으로 합의가 됐다. 그런데 며칠 사이에 7년으로 바뀌었다. 1년 연장한 건데, 전두환이 강력하게 주장해서 그렇게 된 것이다. 전두환이 7년을 주장하니까, 합의 사항을 변경하기 위해 전두환, 노태우, 정호용 등 핵심에 속하는 자들이 따로 모임을 열고 임기를 1년 연장키로 했다고 한다. 그 대신 단임으로 한다는 것을 확실히 했을 것이다.

단임으로 결정된 큰 이유 중 하나는 이너 서클 구성이 보여주듯이 '전두환 너만 대통령 해먹느냐. 그다음에 우리도 해먹어야 한다', 이런 게 기본적으로 작용했기 때문이다. 그것에 전두환도 동의를 한 것이다. 그것 못지않게 중요한 또 하나의 이유는 국민들이 박정희의 18년 장기 집권에 염증을 느끼면서 그걸 아주 싫어하고 있었다는 점이다. 한국인들은 장기 집권 정부가 더 이상 나타나지 않기를 바라고 있었다. 그런 정서가 대단히 강했기 때문에도 단임으로 결정됐다.

이제 전두환이 대통령에 오를 차례였다. 그런데 관심을 끄는 건 전두환이 2단계로 대통령이 되려고 했다는 것이다. 먼저 최규하를 물러나게 하고 자신이 '통대'에 의해 대통령이 된 다음에, 자기들이 만든 헌법에 따라 또 대통령이 되는 방식으로 처리하려고 했다. 이렇게 이너 서클에서 헌법의 골격을 만들고 있을 때 전두환에 대한 강력한 지지가 미국 측으로부터 왔다.

전두환에게 확실하게 힘을 실어준 미국,
한국인을 쥐에 비유한 주한 미군 사령관

— 미국 쪽에선 어떤 신호를 보냈나.

글라이스틴 주한 미국 대사가 1980년 5월 8일 자 전문에서 "(사태 진압을 위해) 군이 가세한다는 비상 계획에 미국 정부가 반대한다는 어떠한 시사도 전두환 장군과 최광수 대통령 비서실장을 내일 만나는 자리에서 주지 않을 것"이라고 밝혔듯이, 미국 측은 5월 17일 쿠데타가 일어나기 이전에 군 출동과 이동 배치를 지지하는 태도를 취했고 5·17쿠데타에 대해서도 묵시적으로 지지하는 입장이었다. 광주항쟁 시기에도 "(광주에서 잔인하게 대응한 것은) 전두환과 노태우 등 군사 정권의 지배자들이 베트남전에서 얻은 전투 경험을 반영한 것"이라고 평하기도 했지만, 미국의 최우선 순위가 '광주의 질서 회복'이라는 입장을 표명한 것이나 20사단의 광주 파견을 찬동한 것에서 드러나듯이 안전, 안정을 주로 강조하면서 전두환·신군부가 장악한 군의 행위를 역시 묵시적으로 지지했다. 1980년 5월 22일 소집된 백악관 회의에서 사태가 통제 불능으로 악화될 경우 미국이 군사적으로 직접 개입하는 방안을 아울러 협의했다는 보도도 이를 말해준다. 그렇지만 그때까지, 즉 1979년 12·12쿠데타에서 1980년 8월 초까지는 드러내놓고 전두환을 직접적으로 지지하지는 않았다. '우리는 전두환을 지지한다', 이렇게 명시적으로 나오지는 않았다는 말이다.

그런데 8월 초에 이전과는 다른 모습을 보였다. 8월 7일 주한 미군의 한 고위 당국자가 한 얘기가 AP통신하고 로스앤젤레스타임

1980년 8월 8일 자 경향신문. 기사에는 "미국은 전두환 장군이 지도자가 되어 지도력을 더욱 공고히 한다면 그를 지지하려 하고 있다고 주한 미군의 한 고위 당국자가 말했다"고 나와 있다. 이 고위 당국자는 바로 존 위컴 주한 미군 사령관이다. 위컴은 이때 쥐를 예로 들면서 한국인이 쥐떼처럼 전두환한테도 복종할 것이라는 식으로 말했지만, 기사에는 나와 있지 않다.

스에 나왔다. 뭐라고 했느냐 하면 "만약 전(두환) 장군이 한국 국민의 광범위한 지지를 보여준다면", 이건 이때쯤 와서는 언론이 전두환을 대단한 인물처럼 막 떠받드는 보도를 더 많이 하고 있던 것과 연결해 생각할 수 있는데, "그리고 한국 정세의 안전을 위태롭게 하지 않는다면 미국은 그를 지지할 것이다. 왜냐하면 그것이 한국 국민이 원하는 바라고 우리는 생각하기 때문이다"라고 얘기했다. 그러면서 이 사람은 "최근 전 장군과 미국의 관계가 개선됐고, (전 장군은) 미국을 이해하고 있으며 또 미국에 호의적이고 미국과 강력한 유대 관계를 유지하기를 바라고 있다"고 말했다. 이 당국자는 익명으로 이 얘기를 했지만 누구인지는 바로 드러났다. 이 사람은 바로 존 위컴 주한 미군 사령관이었다.

위컴은 이때 '한국인들은 언제나 권력자에게 착 줄을 서서 복종하는데 아마 전 장군에게도 그렇게 할 것'이라는 얘기도 했다. 이 대목에서 위컴은 쥐를 예로 들면서 한국인이 쥐떼처럼 전두환한테도 쫙 복종할 것이라는 식으로 말했다. 이게 소위 들쥐 발언으로 알려지게 되고, 그때부터 위컴은 한국인들로부터 더 미움을 많이 받게 됐다. 이 발언이 두고두고 비판을 받게 된다.•

8월 8일에는 전두환이 뉴욕타임스와 회견했다. 여기서 전두환은 "지도력은 단순히 본인이 원한다거나 야망만 가지고 얻어지는 것이 아니다. 이것은 기독교인이 말하는 신의 섭리나 중국인들이 말하는 천명에 맡겨야 한다"고 말했다. 이런 얘기는 또 어디서 들었는지 천명을 운운하면서 '내가 대통령이 되는 건 신의 섭리나 천명에 의한 것이다. 중국에서 천자가 탄생하는 것과 똑같은 원리다'라는 식의 낯 뜨거운 주장을 한 것이다.

바로 다음 날인 8월 9일 미국 쪽에서 공식 입장을 표명하게 된다. 이날 국무부 공보관 애니터 스토크먼은 "한국의 지도자 선택은 한국 국민이 해야 할 일"이라고 얘기했다. 이게 뭘 얘기하는 건지는 뻔했다. 그 이전인 6월에 이미 에드먼드 머스키 국무부 장관은 "한국의 사정을 고려할 때 안정이 매우 중요하다"고 얘기했다. 이것이 뭘 얘기하는 건지도 뻔했다. 카터 행정부 인사들의 이러한 발언이나 위컴 발언은 인권을 강조하던 카터가 이란 인질 사태로 궁지에 몰리면서 '힘'에 의한 정치를 내세운 레이건 대통령 후보에게 대통

• 위컴은 이때 레밍(lemming, 나그네쥐)이라는 표현을 썼다. 한국 언론은 미국이 전두환을 지지할 것임을 드러낸 주한 미군 고위 당국자(위컴)의 발언을 바로 대서특필했다. 예컨대 동아일보와 경향신문은 이것을 1980년 8월 8일 자 1면 톱기사로 내보냈다. '미(국), 전두환 장군 지지'로 제목이 똑같은데, 레밍 발언이 담겨 있지 않은 것도 공통점이다.

령 선거전에서 밀리고 있을 때 나왔다.

전두환 추대 관제 열풍으로
어수선했던 1980년 여름

— 이승만, 박정희 집권기에 미국은 한국 정부와 때때로 갈등을 겪기도 했지만 기본적으로 독재 정권을 용인하고 지원했다. 한국의 정권이 강력한 반공 기조를 유지한다면, 그렇게 해서 미국의 세계 전략에서 한국에 부여된 동아시아 반공 보루라는 역할만 충실히 해낸다면 독재 정권이어도 상관없다는 태도를 취했다. 쿠데타로 헌정을 짓밟고 국민을 학살하기까지 한 전두환·신군부에게도 미국이 1980년 8월 초에 그러한 신호를 명확하게 보낸 셈이다. 미국 쪽에서 그런 신호까지 보냈으니 전두환으로서는 날개를 단 셈 아닌가.

전두환 지지 발언은 다른 곳에서도 나왔다. 전두환이 곧 대통령이 된다는 걸 연락받고 나왔겠지만, 위컴 발언보다 하루 빠른 8월 6일 한경직, 강신명, 조향록, 김지길 등 개신교 거물급들이 모여 전두환을 위한 기도를 올렸다. '국가와 민족의 장래를 위한 조찬 기도회'였다. 정진경 목사가 "사회 구석구석에 존재하는 악을 제거하고 정화할 수 있게 해준 데 대해" 전 사령관에게 감사의 기도를 드리며 인도했다.

전두환을 대통령에 올리기까지 조타수 역할을 한 것은 12·12쿠데타, 5·17쿠데타와 비슷하게 보안사의 허화평이라고 얘기된다.

1980년 8월 6일 최규하 대통령이 전두환에게 육군 대장
계급장을 수여하고 있다. 사진 출처: e영상역사관

김영삼 정계 은퇴 소식을 전하고 있는 1980년
8월 13일 자 동아일보.

전두환과 5공 잔혹사

왼쪽 위: 1980년 8월 18일 최규하 대통령이 청와대를 떠나며
직원들과 악수를 하고 있다. 사진 출처: e영상역사관
왼쪽 아래: 1980년 8월 27일 전두환을 대통령으로 뽑기 위해
모여 있는 통일주체국민회의 대의원들. 사진 출처: e영상역사관
오른쪽: 통일주체국민회의 사무처가 내건 대통령 당선인 공고.
총 투표자 2,525명 중 찬성 2,524명으로 전두환이 11대 대통령이
됐다. 나머지 1표는 무효표였다. 사진 출처: e영상역사관

최규하를 끌어내리기로 전두환·신군부가 의견을 모은 것은 이도성 기자에 의하면 6월 중순경이라고 한다. 6월 12일 최규하는 '국가 기강 확립에 관한 특별 담화'를 발표했는데, 여기서 "(19)81년 상반기 중 정권 이양을 하겠다"고 밝혔다. 그때까지 어떻게 기다리겠나.

—— 어떤 방식으로 최규하를 끌어내렸나.

최규하를 끌어내리는 데 동원할 '원로'로 신군부는 신현확과 김정열을 꼽았다고 한다. 노태우가 고교 대선배인 신현확을 찾아갔으나 신현확은 단칼에 거절했다. 김정열은 달랐다고 한다. 김정열은 최규하와 가까운 사이였을 뿐 아니라 이승만을 하야시키는 데 역할을 했다는 점에서도 적격이었다. 1960년 4월 26일, 당시 국방부 장관이었던 김정열은 아침 일찍 허정 수석 국무위원, 이승만 부인 프란체스카와 함께 이승만의 하야를 이끌어냈다.

김정열은 최규하를 몇 번 만났으나 흥미롭게도 최규하는 대통령 자리에서 물러나려고 하지 않았다. 명분이 아주 좋았다. 지금 국민들이 군인들이 나서는 것보다 자신 같은 사람이 과도 정권을 끌어가기를 원한다는 주장이었다. 7월 30일 두 사람은 오후 6시경부터 5시간이나 얘기를 계속했다. 소접견실, 대접견실, 서재 등으로 자리를 옮겨가면서 얘기했다. 밤 11시 15분 김정열이 청와대를 나섰다. 김정열은 전두환에게 전화했다. "오래 기다렸지요. 잘됐소." 전두환은 이 일을 잊지 않고 정권 말기에 김정열을 총리에 앉혔다.

7월 31일 최규하는 전두환을 청와대로 불렀다. 전두환은 체육관 대통령이 되기 전 할 일이 또 있었다. 박정희처럼 별 4개를 다는 일이었다. 중장이 된 지 불과 얼마 안 됐는데 전두환은 8월 5일 자

로 대장이 됐다. 한 신문은 카터 미국 대통령이 재선에 실패할 것이
확실해지자 전두환이 4성 장군으로 '셀프' 승진하고 대통령 취임
절차까지 가속화했다고 썼다.

미국 국무부 공보관 얘기가 나온 다음 날인 8월 10일, 최규하
대통령은 하야 성명을 작성하라고 지시했다. 그리고 전두환·신군
부의 강박에 의해 8월 13일 김영삼이 정계 은퇴를 발표했다. 8월 14
일에는 김대중 등 24명에 대한 군사 재판이 시작됐다. 8월 16일에는
마지막 수순으로 최규하가 대통령을 사임했다.

이러한 수순이 진행되는 가운데 방방곡곡은 전두환 추대라는
관제 열풍에 휩싸였다. 이도성 기자에 의하면 중앙정보부가 중심
이 됐는데 그중에서도 중앙정보부 정치팀이 주로 활약했다고 그런
다. 중앙정보부장이 대통령을 저격한 10·26 이후 한동안 기능이 정
지되다시피 했던 중앙정보부에 중요한 임무가 떨어진 것이었다. 각
시·군에서 매일같이 군중 집회가 열렸는데, 지역 유지들과 군중 수
천 명을 거기에 동원하느라고 중앙정보부 요원들은 눈코 뜰 새 없
이 바빴다고 한다. 이때는 중앙정보부라는 이름을 그대로 썼다. 안
기부(국가안전기획부)로 바뀌는 때는 1980년 말이다. 중앙정보부뿐만
아니라 언론도 전두환 추대를 위한 관제 열풍 조성에 부응하는 활
동을, 종이 신문이건 TV건 열심히 했다.

8월 21일에는 전군 주요 지휘관 회의가 열렸다. 여기서 주영복
국방부 장관은 "구국의 일념으로 탁월한 영도력을 발휘해 국가의
위난을 수습하고 새 시대, 새 역사의 지도자로 국내외에 뚜렷이 부
각된 전두환 대장을 국가 원수로 추대"하자고 제의했다. 그래서 그
렇게 결의했다.

8월 27일 통일주체국민회의 대의원들이 이번에도 장충체육관

에 모여서 대통령을 선출했다. 총 투표자 2,525명 중 찬성 2,524명으로 전두환이 11대 대통령이 됐다. 나머지 1표는 무효표였다. 박정희와 똑같이 전두환도 그야말로 100퍼센트에 가까운 지지를 '통대'로부터 받았다. 박정희, 최규하에 이어 전두환까지 체육관 대통령이 된 것이다.

새 헌법에 담긴 전두환·신군부 지향은
박정희보다 덜 욕먹으면서 권력 움켜쥐기

— 전두환이 2단계로 대통령 노릇을 하려 했다고 앞에서 지적했다. 그 첫 번째 단계로 전두환은 '통대'를 동원해 일단 청와대에 들어앉았다. 그렇지만 새 시대에 부응하는 새로운 정권으로 포장하고 싶었을 전두환·신군부로서는 박정희가 유신 쿠데타를 통해 만든 방식으로 대통령 자리를 차지했다는 게 여러모로 찜찜했을 것이라는 생각이 든다. 그런데 '통대'가 아닌 새로운 방식으로 대통령이 되는 것은 유신 헌법을 그냥 둔 상태에서는 불가능한 일이었다. 아울러 전두환·신군부는 박정희가 키운 세력이자 유신 정권을 이어받은 자들이었지만, 유신 헌법을 철폐해야 한다는 국민 다수의 바람을 전두환이 청와대를 차지한 후에도 계속 외면하는 건 정치적으로 불리한 일이라고 판단할 수밖에 없었을 것이다. 그런저런 이유로 유신 헌법은 더 이상 존속할 수 없는 상황 아니었나.

이제 새 헌법을 확정할 차례였다. 헌법 때문에도 전두환은 체

1980년 9월 29일 헌법 개정안에 서명하고 있는 전두환. 사진 출처: e영상역사관

육관 대통령이 됐다. 최규하가 대통령으로 있으면 헌법을 전두환·신군부 입맛대로 만드는 것이 쉽지 않을 수도 있었다.

1980년 9월 29일 전두환 쪽에서 헌법 개정안을 공고했다. 이 개정안을 보면 전문에서 4·19의거와 5·16혁명의 이념 계승을 삭제했다. 후자를 삭제하는 건 당연한 일이지만 전자의 저항권 정신도 소멸시킨 것이다. 가장 중요한 권력의 핵심을 보면 대통령 임기를 7년 단임으로 하고 중임을 금지했다. 나중에 더 얘기하겠지만 5,000명 이상의 선거인단을 구성해 대통령을 뽑게 돼 있었다.

그런데 이 개헌안에 또 뭐라고 돼 있느냐 하면, 선거인단의 과반수 득표를 해야 대통령으로 당선될 수 있다고 돼 있었다. 과반수 득표자가 없으면 2차 투표, 3차 투표를 해야 한다는 것이었다.

왜 이런 조항을 넣었느냐. 박정희 유신 정권이 몹시 욕을 얻어먹은 것 중 하나는 도대체 한 사람이 영구 집권하게 하기 위해서 이런 이상한 헌법을 만들 수 있느냐, 이것이었다. 유신 체제에서는 2차, 3차 투표 같은 건 생각할 필요가 없었다. 박정희 혼자 후보 등록을 하고 '통대'가 그걸 지지하는 식 아니었나. 그런데 그게 욕을 많이 얻어먹으니까, 전두환 쪽에서 '우리는 여러 사람이 입후보하게 한다'는 모양새를 취한 것이었다. 그래서 헌법에 과반수 득표자가 없으면 2차 투표를 하고 그것으로도 안 되면 3차 투표를 또 하게 한다는 조항을 넣어둔 것이다. 그렇지만 이건 실제로는 아무 소용이 없는, 눈 감고 아웅 하는 조항이었다.

그리고 유신 헌법 및 국회의원 선거법에서는 국회의원의 3분의 1을 '통대'가 선거한다고 해놨지만, 실질적으로는 박정희가 임명하게 하지 않았나. 이것도 박정희 유신 정권이 몹시 욕을 얻어먹게 만든 것 중 하나였다. 어떻게 박정희가 임명하는 사람으로 국회의원의 3분의 1을 채울 수 있다는 건가.

전두환·신군부는 그 부분도 바꿨다. 국회의원 선거법을 보면 중선거구제로 해서 한 선거구에서 국회의원을 2명 뽑는 걸로 한 건 유신 체제와 같지만, 국회의원의 3분의 1을 대통령이 '임명'하는 대신 전국구(비례대표제)를 두고 각 정당에 배당하게 했다. 그렇지만 제1당이 전국구의 3분의 2를 차지하도록 규정했다. 20퍼센트를 득표하건 10퍼센트를 득표하건 제1당이 무조건 3분의 2를 차지하게 한 것이다. 전두환·신군부의 당이 제1당이 되는 건 확실하다고 보고, '박정희처럼 국회 의석의 3분의 2까지는 욕심내지 않고 3분의 2에 가까운 의석수를 확보하면 된다', 이런 방식으로 변형한 것이다. 전국구 중 나머지 3분의 1은 지역구에서 5석 이상 차지한 정당들이 의석 비율에 따라 나눠 갖도록 돼 있었다. 국회의원 임기도 바꿨다. 유신 헌법에서는 지역구에서 뽑힌 국회의원들의 경우 임기가 6년이었는데, 전두환·신군부는 개헌안에서 그걸 예전처럼 4년으로 바꿔놓았다.

그리고 유신 체제를 긴급 조치 체제라고 부르지 않나. 그만큼 유신 체제를 유지하기 위해 긴급 조치를 남발했고 그것도 박정희가 그렇게 비난을 받게 한 요소 중 하나였는데, 전두환·신군부는 그걸 없애고 국민의 자유와 권리를 정지할 수 있고, 정부나 법원의 권한에 관하여 특별한 조치를 할 수 있는 비상 조치를 대통령 권한으로 부여했다.

— 전두환이 훗날 실제로 비상 조치를 발동한 적이 있나.

안 했다. 전두환은 계엄 선포도 한 번도 안 했다. 그 부분에 대해 나중에 자랑도 하지 않나. 《전두환 육성 증언》을 보면, 전두환이 그 부분을 얘기하면서 자기는 박정희하고 다르다고 하는 대목이 나온다.

개헌안을 계속 살펴보면, 유신 헌법에 비해 해산 요건을 약간 강화하기는 했지만, 대통령은 국회를 해산할 수 있게 되어 있다. 그리고 유신 헌법과 달리 국회에 국정 조사권을 부여하기는 했다. 그렇지만 국회가 얼마나 전두환·신군부 정권에 종속됐는가는 나중에 살펴볼 정당 만들기에서 명확히 알 수 있다. 그와 함께 유신 헌법에 비해 대통령 권한도 약간은 축소하는 것처럼 보였다. 예컨대 유신 헌법과 마찬가지로 대통령이 대법원장과 대법원 판사에 대해서는 실질적인 임명권을 갖도록 돼 있었지만, 대통령의 일반 법관 임명권은 폐지하고 그 권한을 대법원장한테 부여했다. 유신 헌법은 박정희를 제외하고는 사실상 헌법 개정이 어렵게 되어 있는데, 이 개정안은 국회가 헌법 개정에서 중요한 역할을 하게 되어 있다.

10월 22일 국민 투표에 부쳐 이 개헌안을 확정했는데, 95.5퍼센트의 투표율과 91.6퍼센트의 찬성률을 기록했다. 그렇지만 이 투표의 공정성을 누가 믿을 수 있겠나. 투표가 실제로 어떻게 치러졌는지는 현재로서는 알 수 없다.

신군부 헌법에 몇 가지 진전된 사항이 있기는 했다. 연좌제를 금지했고, 형사 피고인의 무죄 추정권을 신설했으며, 경제의 경우 독과점의 폐단을 적절히 규제·조정한다고 되어 있다.

악법 제조 기구 입법회의 앞세워
정치도, 언론도, 노동도 입맛대로 개악

전두환과 5공 잔혹사, 네 번째 마당

불법적으로 가짜 입법 기구 제조
일부 혁신계도 참여

김 덕 련 5·16쿠데타(1961년)와 유신 쿠데타(1972년) 후 박정희 세력은 국민의 기본권을 심하게 제약하는 각종 악법을 만들었다. 전두환·신군부도 그것과 같은 생각을 하게 되는데, 5·17쿠데타로 국회가 마비된 상태에서 어떤 방식으로 악법을 제조했나.

서 중 석 1980년 8월 27일 전두환이 체육관 대통령으로 선출되고 10월 22일에는 개헌안이 국민 투표로 확정됐다. 새 헌법도 만들어서 통과시켜놨으니 신군부 정권을 이끌어가는 데 필요한 악법을 본격적으로 만들어야겠다는 생각을 하지 않았겠나. 이제 그 작업을 진행하게 된다.

전두환 측은 악법 만들기에 대해 유신 쿠데타 당시 박정희하고 비슷하게 생각했다. 뭐냐 하면, 그때 박정희는 유신 국회의원 선거를 해서 유신 국회를 열고 거기서 악법을 만드는 방식을 택하지 않고 국회를 해산한 후 비상국무회의라는 허수아비 기구를 통해 여러 악법을 제조하지 않았나. 그와 비슷하게 전두환 쪽에서도 국회를 봉쇄, 폐쇄시켜놓고 허수아비 기구를 만들어 악법을 양산하는 길을 택한다.

그걸 구체적으로 어떤 방식으로 하는 게 좋은가를 신군부 이너 서클에서 논의했다. 그런데 국보위 가지고는 안 된다는 의견이 나왔다. 왜냐하면 국보위는 현직 장관들하고 다수의 군인 등으로 이뤄져 있지 않았나. 그리고 전두환이 위원장을 맡았던 국보위 상임위의 경우 상임위원 30명 가운데 18명이 현역 군인이었다. 나머지는 민간인이긴 했지만 이 사람들도 다 거기에 종속된 자들이었다. 그래서 악법을 만드는 데 이쪽을 활용하기가 어려웠다.

이렇게 국보위의 인적 구성 등에 문제점이 있어 최종 단계에서, 어디에도 근거가 없이 불법적으로 신군부가 국가보위입법회의를 만들자고 한 것이다. 그래서 국가보위입법회의가 각종 악법 제조 기구로 출현하게 된다. 국가보위입법의원 선정 작업은 권정달과 우병규 청와대 정무 제1수석비서관이 주도했다. 우병규 이 사람이 당시 굉장히 힘이 셌다.●

── 국가보위입법의원 81명 중에는 당시 적잖은 사람들이 의외라고 여겼을 인물들도 있다. 예컨대 혁신계를 자처하던 이들이나 진보 인사로 분류되던 사람들 중에도 여기에 이름을 올린 경우가 있다. 왜 그런 선택을 했다고 보나.

이른바 입법의원의 명단을 보면 이해가 잘 안 가는 사람이 여러 명 들어 있다. 야당에서 활약했던 채문식, 한영수 같은 사람들, 그리고 김상협 고려대 총장, 정의숙 이화여대 총장, 권이혁 서울대 총장 같은 사람들도 들어 있다. 한때 진보적 목사로 알려졌던 조향록도 포함돼 있다. 이런 사람들 이외에 조선일보계도 여러 명 있었다. 조선일보사 사장 방우영, 그리고 조선일보 간부로 일했던 송지영, 김윤환, 남재희가 들어가 있다. 바로 이 조선일보계 사람들이 신군부 군인들에게 찰싹 달라붙어 이른바 5공을 이끌어가는 정치

● 우병규는 서울대 정치학과 출신 정치학 박사로, 국보위 법사위에서 박철언과 함께 이른바 5공화국 헌법을 만드는 데 주도적인 역할을 했다.

1980년 10월 27일 제5공화국 헌법 공포식. 사진 출처: 국가기록원

세력을 형성한다. 또 다른 언론계 인사로는 전두환을 띄우는 데 앞
장섰던 이진희가 들어 있다.

　과거에 혁신 정당에서 활동한 인물로는 김철, 윤길중, 김정례
이 세 명을 꼽을 수 있다. 이승만 정권 때 조봉암과 함께 활동했던
윤길중은 박정희 집권기에는 신민당에 몸담기도 했는데, 역시 권력
에 대한 미련을 버리지 못해 이때 입법의원으로 들어간 것으로 보
인다. 김철하고 김정례는 단짝, 동지 사이로 박정희 집권기에 진보
적 활동을 했다. 김철은 긴급 조치 9호 위반 혐의로 구속돼 옥살이

1980년 12월 30일 국가보위입법회의 송년 리셉션에 참석한 전두환. 국가보위입법회의는 악법 제조의 산실로 불렸다. 사진 출처: 국가기록원

도 했다. 김철 이 사람은 통일사회당 간판을 메고 다녔다는 얘기를 듣고 그랬다.

그런데 왜 들어갔느냐. 그때 나는 이렇게 해석했다. 뭐냐 하면, 김철, 김정례는 원래 족청(이범석이 조직한 조선민족청년단) 계열이다. 족청 계열에는 나치를 찬양했던 자들을 포함해 극우가 많았으나 진보적인 사람도 있었다고 내가 전에 이야기하지 않았나. 족청 계열이라는 것 하나만 가지고 얘기할 수는 없지만 어쨌든 족청 계열이기 때문에 쉽게 극우로 전향할 수 있다는 점도 생각을 해야 한다. 그리고 이 사람들은 1950년대건 4월혁명 공간이건, 그러니까 이승만이 하야를 발표한 1960년 4월 26일부터 1961년 5·16쿠데타가 일어날 때까지, 혁신계에서 활동은 했지만 혁신계에서도 보수적인 쪽에서 활동했다. 그런데 오랫동안 하도 외롭게만 활동하면서 지친 가운데 권력 쪽에서 자리를 가지고 손을 내미니까 덥석 받아들인 것이 아니냐, 난 그때 그렇게 해석했다. 난 지금도 그래서 들어갔을 것이라고 본다.•

정치 활동 규제법, 언론기본법 등 악법 생산

—— 악법 제조의 산실로 불린 국가보위입법회의에서는 어떤 법들을 만들어냈나.

국가보위입법회의의 기본 임무는 국보위에서 한 일이나 하려고 한 일들을 '법제화'하는 것이었다. 운영도 상임위원회 중심이었는데, 상임위원 9명 중 8명이 국보위에서 활동한 사람들이었다. 그래서 국보위가 추진한 일들을 법적으로 처리하는 '고무도장' 역할을 맡게 돼 있었다. 입법회의는 '반대 토론이 회기 동안 한 번밖에 없었고' '본회의에서 불과 두 차례의 표결밖에 행해지지 않은' '능률'과 '신속'의 법제화 도구였다. 이러한 입법 기구가 새로 탄생할 '5공 국회'의 모범이라고 군인들은 생각했다.

한 자료에 의하면 입법회의는 1981년 4월 제11대 국회가 개원할 때까지 156일 동안 215건의 안건을 처리했다. 그리고 토론이나

• 김철은 소설가 출신으로 야당 국회의원을 한 김한길의 아버지다.

이의 제기 하나 없이 약 반년 동안 189개의 법안을 100퍼센트 가결했다. 그러고는 5공 헌법 부칙에 "입법회의가 제정한 법률과 이에 따라 행하여진 재판 및 예산 기타 처분 등은 그 효력을 지속하며, 이 헌법 기타의 이유로 제소하거나 이의를 할 수 없다"고 딱 못을 박았다. 입법회의에서 아무리 고약한 악법을 만들었더라도 그 효력은 지속되게 돼 있었다. 그런데 실제로 입법회의는 전두환·신군부가 하라는 대로 움직이는 허수아비에 지나지 않았다.

먼저 입법회의는 11월 3일 기성 정치인의 활동을 8년간 금지하는 것을 주요 내용으로 하는 '정치 풍토 쇄신을 위한 특별 조치 법안'을 가결했다. 이에 따라 11월 12일 1차로 811명을 정치 활동 금지 대상자로 공고했다. 사흘 후(11월 15일)에는 2차로 24명을 추가 공고했다. 그렇게 해서 정치 활동 금지 대상자가 모두 835명이라고 발표했다.

정치 풍토 쇄신법은 누구 할 것 없이 1962년 3월 국가재건최고회의에서 만든 정치활동정화법을 떠올리게 했다. 정치활동정화법에 따라 1968년 8·15까지 규제된 사람들은 6년여 동안 정치 활동이 금지되지 않았나. 1963년과 1967년 총선에 나오지 못하도록 막아버린 것이다. 정치 풍토 쇄신법도 정치활동정화법과 똑같이 국회의원 선거에 두 번 못 나오게 한다는 게 주요 내용이라고 보면 된다. 다시 말해 박정희를 중심으로 한 5·16쿠데타 주동자들도, 전두환·신군부도 자기들한테 껄끄러운 정치인들이 두 번 국회의원을 하지 못하도록 묶어둔 것이다.°°

5·16쿠데타 세력하고 큰 차이가 나는 것은 박정희, 김종필은 구정치인이라고 해서 과거의 민간 정치인들을 배제한 데 비해 신군부의 경우 박정희 정권 아래에서 오래 해먹은 사람들도 제외했다

는 점이다. 신군부가 뚝딱 만든 민정당은 창당 과정에서 과거 공화당의 중앙 및 지방 조직을 대부분 인수한 셈이지만, 공화당 쪽도 3선 이상의 국회의원 대부분이 정치 활동 금지에 묶이게 됐다. 옛날 여당 정치인 중에서는 초선, 재선 의원과 일부 인사들만이 '새 정치 무대'에 들어설 수 있었다.

이렇게 규제 대상자로 묶인 835명 가운데 586명이 적격 심판을 청구한 것으로 보도됐다. 그중 268명이 이른바 구제돼 정치 활동을 할 수 있게 됐다. 상식선에서 생각해보면, 야당 의원이면 야당 의원답게 '이 더러운 정권에 내가 나가지 않은 게 정말 다행이다'라고 하면서 정치 규제 대상이 된 걸 떳떳하게 여겼을 것 같지 않나? 그런데 그렇지 않았다. 당시 다수의 야당 의원들은 규제에 묶이지 않기 위해 줄을 찾아 여기저기 막 뛰어다녔다고 한다. 김영삼이 총재일 때 신민당 의원이 66명이었는데 이 가운데 60여 명이 규제에 묶이지 않고 다시 국회의원이 되기 위해 열심히 뛰었다고 신민당 의원이었던 한영수가 얘기했다. 한영수 이 사람은 입법의원이 된 사람이니까 아무래도 자기 합리화가 있긴 할 텐데, 김영삼과 그 측근 몇 사람을 빼놓고는 거의 다 처절할 정도로 정치를 하겠다고 발버둥을 쳤다고 증언했다.

── 국가보위입법회의는 정치 이외 부문에도 손을 대지 않았나.

●● 정치 활동 금지 대상자 835명에는 김종필도 포함돼 있었다. 정치활동정화법을 만들던 때 중앙정보부장으로서 기성 정치인들을 "보균자"로 표현하며 "보균자는 자진해서 국회에 안 나오는 것이 좋을 것"이라고 압박했던 김종필은 육사·쿠데타 후배들에 의해 18년 만에 정반대 처지로 전락했다.

11월 29일 입법회의는 집회, 시위에 관한 규제를 강화한 집회 및 시위에 관한 법률 개정안을 가결했다. 12월 26일에는 언론기본법 등을 의결하고 대통령 선거법 등 17개 법안을 통과시켰으며 노동조합법 개정안 등 5개의 노동 관계법 및 개정안을 가결했다. 공정거래법, 중앙정보부법도 의결했다.

대통령 선거법 내용을 보면, '통대'에서 대통령을 선거한 유신 체제 방식과 흡사하기는 한데 그것과 약간 다르게 해놓았다. 1,905개 선거구에서 5,278명의 선거인을 선출한 다음 이 사람들로 선거인단을 구성해 대통령을 선출하는 간선 방식인데, 지난번에 말한 것처럼 과반수 찬성을 얻어 대통령이 되게 했다.

노동 관계법은 조금 있다가 살펴보기로 하고 언론기본법을 먼저 보자. 이건 청와대 공보비서관 허문도와 이수정, 서울민사지법 판사 박용상 등이 중심이 돼 새로 만든 악법이었다. 언론기본법에 의하면 정부가 언론사에 정간이나 폐간을 명령할 수 있었다. 또 방송위원회, 한국방송광고공사, 언론중재위원회 등 여러 언론 관계 기구를 만들어서 언론을 통제할 수 있게 했고, 프레스카드를 발급해 기자들을 통제할 수 있게 했다. 프레스카드는 1년에 한 번씩 갱신했다. 문공부는 정권에 우호적이지 않거나 과거에 반정부 성향을 보인 경우 프레스카드를 발급하지 않았다. 프레스카드가 없으면 해외 취재를 위한 여권도 발급받지 못했다. 이 프레스카드를 이용해서 입사 1년 안팎의 기자들에게 집단 언론 연수를 받게 했다.

그렇지만 언론을 옥죄기만 한 건 아니다. 사탕도 줬다. 해외 연수 같은 걸 많이 장려했다. 해외 연수 같은 걸로 기자들을 회유할 수 있게 한 것이다. 방송광고공사는 매년 수백억 원의 '공익 자금'을 조성해 그 일부를 해외 연수 및 해외여행, 언론인 자녀들에 대한 학자금 지원 등에 풀었다. 신문사에서 윤전기를 도입할 경우 관세 특혜도 줬다. 신문 면수를 8면에서 12면으로 늘리는 것도 허용했다.

바른 말 하는 언론인들을 언론사에서 내쫓고 관련 계통에 취업도 하지 못하게 했던 것을 지난번에 살펴보지 않았나. 그러한 언론인 숙청, 언론기본법 제정과 함께 전두환·신군부 언론 정책의 또 하나의 큰 줄기가 언론 통폐합으로 언론을 장악하는 것이었다.

신문사·방송사를 마구잡이 통폐합
이병철도 피해 갈 수 없었다

── 언론 통폐합, 어떻게 진행됐나.

1980년 11월 12일 오후 6시경 한 무리의 언론인들이 어둠침침한 보안사 2층 건물에 들어왔다. 서울 지역 13개 언론사의 발행인과 경영주 17명이었다. 보안사는 이 사람들한테 소유하고 있는 언론사를 조건 없이 포기한다는 각서를 쓰게 했다. 이 사람들로선 중요한 재산을 탈취당하는 것 아니었나. 그런데도 각서를 받는 일은 그렇게 어렵지 않게 끝났다고 한다.

보안사 또는 신군부가 얼마나 막강한 권력을 휘둘렀는가를 여기서도 볼 수 있다. K-공작, 언론인 대량 해직, 언론 통폐합 등 전두환·신군부의 언론 공작에서 중요한 역할을 한 사람이 일개 보안사 준위인 이상재였다. 언론사 사주라고 하면 그래도 사회에서 높은 위치에 있다고 당사자들은 생각하고 있었을 것이다. 그런데도 보안사에서 '언론사를 내놓겠다. 포기한다', 이런 각서를 쓰라고 하니까 이 사람들은 어쩔 수 없이 쓰고 나왔다.

신군부의 방침을 거부할 경우 국가 기관을 동원해 수사 등 법적 처리를 한다는 계획 아래 강압 수단을 행사하고 국세청, 감사원, 중앙정보부, 경찰, 보안사를 동원해 헌납을 안 할 수 없게 만들었다. 보안사는 유호 충주 MBC 사장이 삼청교육대에 끌려간 사례를 들어 협박하기도 했고 거대 언론사인 중앙매스콤의 홍모 사장, 이모 회장이 각서를 쓴 것을 사례로 들어 저항할 수 없게 만들었다.

내가 듣기로는 중앙매스콤의 이병철 회장도 그 각서를 그렇게 썼고 그래서 굉장히 마음이 안 좋았다고 그런다. 이병철은 한국 제일의 재산가로 불린 사람 아닌가. 그런 이병철한테 TBC(동양방송)를 내놓으라고 한 것이었다. 당시 TBC는 제일 인기 있는 텔레비전 방송사였다. 그걸 소유하고 있다는 건 그보다 몇 십 배, 몇 백 배 많은 재산을 갖는 것하고 또 다른 의미를 갖는 것이었다. 그런데 그걸 내놓겠다는 각서를 쓰라는 얘기를 들었을 때 그 마음이 어땠겠나. 그렇지만 안 쓸 수가 없어서 그렇게 쓰고 나온 것이다.

—— 언론 통폐합으로 언론 지형은 어떻게 변화했나.

이틀 후인 11월 14일 언론 통폐합이 단행됐다. 그 내용을 보면 우선 신문과 방송의 겸영을 금지했다. 여기에 해당하는 대표적인 데가 동아일보사와 중앙매스콤이었다. 동아일보사는 당시 방송 중에서 제일 영향력이 있고 인기도 있었던 동아방송을 포기해야 했고, 중앙매스콤은 TBC를 내놓지 않을 수 없었다. 또 신문은 통폐합을 시켰다. 서울의 주요 일간지들은 대부분 살아나기는 했는데, 7개 중앙 종합지 중 신아일보는 경향신문에 흡수됐다. 한국일보는 서울

경제신문, 당시 상당히 영향력이 있던 이 신문을 뺏겼다. 분리를 강요당한 것이다. 경제지는 매일경제와 현대경제만 남게 됐다.

그리고 중앙지의 지방 주재 기자를 철수하게 했다. 광주항쟁 때 동아일보 광주 주재 기자가 활약했다고 그랬는데, 이제는 어떤 중앙지도 지방에 기자를 둘 수 없게 만든 것이다. 그렇게 해서 중앙지의 역할, 활동을 크게 제한했다. 그다음에 각 도에 신문사를 하나만 두게 했다. 예컨대 부산에는 잘 알려진 신문사로 국제신문과 부산일보가 있었는데, 국제신문이 부산일보에 통합되는 식이었다. 광주에서도 전남매일신문이 전남일보로 흡수 통합됐다. 그런 식으로 바꿔놓았다.

통신사의 경우 오랫동안 합동통신과 동양통신이 활약해왔는데, 권력이 훨씬 통제하기 좋도록 이 두 개를 합병해 연합통신으로 발족케 했다. 이렇게 통신사도 통폐합을 했다. 그러면서 소위 방송 공영화라는 걸 강화하는 방식을 밟았다. 막강한 권력이 방송 공영화를 강화했다는 건 그만큼 방송이 권력에 훨씬 더 체계적으로 종속되게 됐다는 걸 얘기하는 것에 다름 아니다.

KBS는 이병철의 삼성이 내놓은 TBC TV와 TBC 라디오, 그리고 동아방송, 전일방송, 서해방송, 대구FM 등까지 흡수해 거대 방송사가 됐다. TBC TV는 KBS 2TV가 됐다. MBC의 경우 별도 법인으로 운영되던 지방 제휴사 21개 사의 주식을 서울 MBC가 51퍼센트 인수해 제휴사들을 계열사로 만들었다. 5·16장학회, 이게 나중에 정수장학회가 되는 건데 거기서 가지고 있던 서울 MBC 주식 30퍼센트를 제외한 MBC의 민간 주식은 주주들이 국가에 헌납하는 식으로 처리됐다. 얼마 후 전두환 정권은 MBC 주식을 KBS에 넘겨 MBC가 KBS에 실질적으로 종속되게 만들었다. 그리고 CBS는 언론 통폐합 결과 보도, 광고 기능이 박탈됐다. 전두환 정권은 CBS에 선교 방송만 하도록 했다.

언론 통폐합 결과 방송사를 포함한 언론이 크게 축소되고 권력이 장악하기가 훨씬 더 쉽게 됐다. 통폐합 대상이 된 방송사에서는 고별 방송을 하게 되는데, CBS에서 마지막 뉴스를 내보낼 때 여성 아나운서가 뉴스 원고를 읽다가 울음을 터뜨렸다. 그런 사건이 나자 전두환 정권은 고별 방송에 관한 지침이라는 걸 내렸다. 동아방송, TBC에서는 그런 일이 일어나지 않도록 미리 단속하기 위한 조치였다.

강준만 교수는 언론 통폐합이 전두환에 대한 충성심이 가장 강한 조선일보의 고속성장을 가능케 하는 결과를 낳았다고 지적했다. 당시 조선일보의 경쟁자들은 모두 언론 통폐합으로 엄청난 재산을 빼앗긴 반면, 조선일보는 아무런 피해도 보지 않았을 뿐 아니라 5공 정권에 깊이 참여하는 등 5공과 종속적 동반자 관계를 형성함으로써 압도적으로 유리한 고지를 점령하게 됐다는 것이다.

● 1980년 12월 11일 문공부는 주식회사 문화방송-경향신문의 주식 65퍼센트를 KBS가 인수했으며 이는 공영 방송 체제를 완결하기 위한 조치라고 발표했다. KBS는 1981년 7월 문화방송-경향신문 주식 5퍼센트를 더 인수해 모두 70퍼센트의 주식을 보유하게 된다. KBS가 보유한 MBC 주식 70퍼센트는 6월항쟁 이듬해인 1988년 12월 방송문화진흥회로 이관된다.

노동 관계법 개악하고
민주 노조 때려잡은 전두환·신군부

— 언론 통폐합을 비롯한 전두환·신군부의 언론 공작에서 빼놓을 수 없는 인물이 '전두환 정권의 괴벨스' 허문도다. 허문도를 주축으로 한 공작을 통해 언론을 손아귀에 넣은 전두환·신군부는 그 후에도 보도지침 등을 통해 언론을 마음대로 주물렀다. 1987년 6월항쟁으로 나아가는 길은 빼앗긴 말, 제대로 된 언론을 다시 찾고 만들기 위한 과정이기도 했다.

언론을 장악해 보도를 쥐락펴락하려는 정치 권력의 뒤틀린 욕망은 6월항쟁 이후에도 계속 문제를 일으켰다. 이명박 정권 출범 후 KBS, MBC, YTN 등에서 일어난 일, 그리고 박근혜 정권 출범 후에는 이정현 청와대 홍보수석과 김시곤 KBS 보도국장의 세월호 관련 통화 내용을 접한 오늘날 독자들에게도 낯설지 않은 얘기다. 올바른 말을 지키고 권력은 물론 언론도 감시하는 일이 여전히 중요한 과제임을 절감하게 하는 사례들이다. 다시 돌아오면, 국가보위입법회의가 가결한 노동 관계법 및 개정안의 주요 내용은 무엇이었나.

그전보다 훨씬 강력하게 노동을 국가 권력이 통제하는 것, 그게 핵심이었다. 입법회의가 가결한 노동 관계법 및 개정안을 보면 그렇게 할 수 있도록 돼 있었다. 전두환·신군부 이전, 그러니까 유신 체제에서도 노동 통제에 많은 힘을 쏟았다. 박정희 정권이 이미 1971년에 국가보위법을 통과시켜 단체 교섭권, 단체 행동권을 무용지물로 만든 것도 그 일환이었다. 그런 속에서 1980년대에는 산업

노동자가 크게 증가할 것이라는 전망 아래, 그렇게 되면 노동 운동이 활발하게 전개될 것이라고 보고 그걸 통제하기 위해 국가보위입법회의에서 노동 관계법에 손을 댄 것이다.

주요 내용은 이렇다. 우선 제3자 개입 금지 조항을 신설했다. 그리고 노조 설립 요건을 강화하는 한편 기업별 노조 체제를 만들게 했다. 박정희 집권기의 노동조합 체제를 제대로 된 산별 체제라고 얘기할 수는 없어도 그때는 상위 노조가 일정하게 역할을 하지 않았나. 예컨대 섬유노조 본부에서 단위 노조에 도움을 주는 경우도 있었고 때로는 악당 역할도 했다. 그런 걸 사실상 막아버리고 기업별 체제로 바꾸게 한 것이다. 그 이외에 노조 임원 자격 및 조합비 사용 제한, 쟁의 냉각기간 연장, 직권중재 대상 확장 등의 내용도 담겨 있었다.

이 중에서 가장 큰 악법 조항으로 꼽힌 건 제3자 개입 금지였다. 유신 정권의 경우 노동 운동, 농민 운동 관계자들을 교육시킨 활동가들을 1979년에 크리스찬아카데미 사건으로 대거 구속하지 않았나. 그리고 도시산업선교회 등도 좌경 단체로 매도했다. 그렇게 해서 노조 활동을 비롯한 노동자 활동 전반에 바깥에서 도움을 주지 못하게 했다. 그런데 이제는 아예 제3자 개입 금지라고 해가지고 외부에서 개별 기업 노조를 도울 길을 차단한 것이다. 박정희 때와 마찬가지로 중앙정보부, 경찰 등 국가 기관을 통해 노동자들의 활동을 강력히 통제하고 기업을 지원하면서, 힘이 약한 개별 노조가 외부로부터 어떤 도움도 받을 수 없게 만들었다.

— 노동 운동도 된서리를 맞지 않았나.

악법을 만들어서 시행하는 것과 함께 정책적, 행정적 통제 수단을 동원해 노동 운동을 억압했다. 그러한 민주 노조 파괴 활동을 노동 전문가 이원보의 글을 중심으로 살펴보자.

1980년 8월 21일 전두환·신군부는 노동청을 통해 노동조합 정화 지침이라는 걸 내렸다. 산별 위원장급 12명은 즉시 사퇴하고, 산별 노조 산하 지역 지부를 즉각 폐지하며, 노조 정화 운동을 지속적으로 추진하라는 것이었다. 그래서 한국노총 및 산별 노조 위원장급 상층 간부 12명이 바로 사직서를 쓰고 떠난다. 그러면서 지역 지부 105개도 해산되고 조합원도 14만여 명이나 줄어들었다.

그러한 지침을 내린 데 이어 전두환·신군부는 노동계 인사 191명을 이른바 정화 대상자로 선정했다. 그러고 나서 이 사람들한테 노조 간부를 그만두고 현장에 복귀하라고 지시했다. 노조 민주화를 비롯한 민주 노조 운동을 열심히 했던 사람들이 여기에 포함됐다.

12월 8일 원풍모방 40명, 청계피복노조 9명 등 민주 노조 간부와 조합원들이 연행됐다. 계엄사로 끌려간 이들은 협박과 폭행 속에서 사표를 강요당했다. 지난번에 말한 것처럼 원풍모방에서는 일부가 삼청교육대로 끌려가 소위 순화 교육이라는 걸 받아야 했다.

전두환·신군부 정권은 서울의 봄 시기에 8일간 농성, 시위 투쟁을 벌여 10인 이상 사업장의 퇴직금 지급을 제도화한, 그래서 이 시기 노동 운동에서 큰 역할을 한 청계피복노조에 대해 1981년 1월 6일 해산 명령을 내리고 노조 사무실을 폐쇄했다. 노조원 21명이 농성에 돌입했지만, 경찰의 강제 진압으로 11명이 구속되고 농성하던 사람들은 다 해산되고 말았다. 청계피복노조와 더불어 대표적인 민주 노조로 얘기되던 콘트롤데이타 노조, 반도상사 노조도 소위 정화 조치에 이은 폐업으로 1981년과 1982년에 각각 노조 깃발을 내려야만 했다.

서통 노조, 한일도루코 노조 등도 신군부로부터 심한 탄압을 받았다. 반도상사 노조는 유신 체제에서도 탄압을 받았는데 1980년 8월 신군부의 노조 정화 조치의 일환으로 장현자, 조금분 등이 포고령 위반 혐의로 구속됐다. 그 후에도 노조 간부들을 보안사 등으로 끌고 가 협박했고, 1981년 1월 조합원 33명을 강제 해고하고 공장을 폐쇄했으며, 삼청교육대로 끌고 가기도 했다. 서통노조는 결성된 지 7개월도 안 된 1980년 12월 노조 간부 6명이 합수부 수사관들에게 강제 연행됐다. 이들은 20여 일 동안 감금된 채 구타와 성희롱 등을 당했다. 1981년 5월에는 배옥병, 이목희 등이 구속 기소됐고 그해 12월 노조 간부 등 13명이 강제 해고됐으며 조합원도 강제로 사직해야 했다. 그런 식으로 노조를 파괴했다.

전두환·신군부 정권의 민주 노조 파괴는 원풍모방에서 절정을 이뤘다. 전두환·신군부는 1980년 9월 방용석 지부장 등을 소위 정화 조치했고, 12월에는 앞에서 말한 대로 노동자들을 연행해 강제로 사표를 받는 한편 그중 일부는 삼청교육대로 보냈다.

그렇지만 원풍모방 노조는 굴하지 않고 계속 저항했다. 그런 속에서 1982년 9월 회사의 사주를 받은 사원 100여 명이 노조 사무실을 점거해 노조 간부들을 폭행하고 기물을 부쉈다. 조합원들이 단식 농성에 들어가자, 9월 30일 밤부터 추석날인 10월 1일 새벽에 걸쳐 전투 경찰까지 합세해 노동자들을 잔인하게 끌어냈다. 그것에 이어 경찰은 노조 조합장 등 노조 간부 전원을 전국에 지명 수배했다. 원풍모방 노동자들은 10월 7일과 13일 회사 앞과 영등포 일대에서 가두시위를 벌였다. 그러자 경찰은 수십 명의 노동자를 구속

1982년 출근 투쟁을 하는 원풍모방 노조원들을 연행하는 경찰들. 전두환·신군부 정권의 민주 노조 파괴는 원풍모방에서 절정을 이뤘다.

하거나 구류에 처했다. 회사는 574명을 해고했다. 11월 12일에는 핵심 간부 11명이 전원 체포됐다. 재기하려는 원풍모방 노동자들의 마지막 시도도 그것으로 좌절되고 말았다. 이러한 원풍모방 노조 파괴는 1970년대에 활약했던 민주 노조들에 대한 파괴가 일단락됐다는 걸 말해줬다.

반공법 없앤 대신
국가보안법 독소 조항 강화

— 전두환·신군부는 사상의 자유를 더욱 옥죄는 조치도 취하지 않았나.

입법회의는 1980년 12월 30일 반공법을 폐지해 국가보안법으로 흡수한 국가보안법 개정안을 통과시켰다. 반공법은 5·16쿠데타 직후 최고회의에서 만들었는데, 전 세계에 반공법이 있는 나라가 한두 군데밖에 안 된다고 당시 이야기하고 그랬다. '반공법이 있다는 것 자체가 창피한 일이다. 어떻게 이런 식의 사상 통제법이 있을 수 있느냐'는 얘기들이 나돌고 하니까 반공법을 폐지한 것이다. 그런데 국가보안법에 흡수된 그 내용을 보면 불고지죄를 통합하고 형량도 전체적으로 높이는 등 독소 조항을 강화했다.

지난번에 말한 사회보호법도 1980년 12월 5일에 통과돼 18일 공포됐다. 유신 시기 최악의 인권 유린 법률이 사회안전법이라면, 사회보호법은 전두환·신군부가 만들어낸 최악의 인권 유린 법률이었다. 보안 처분에 대해서는 이미 유신 헌법에 그 근거 규정을 두었지만, 법무부에서 이에 대한 보고서를 만든 때는 1980년 5월경이었다. 형벌로 규제할 수 없는 정신 장애 범죄자나 형벌로는 규제가 미흡한 상습 범죄자에 대해 보안 처분 제도가 도입돼야 한다는 것이 주된 내용이었다. 그해 8월 26일 국보위 상임위원장 전두환은 '조직 폭력배의 수괴 또는 누범자를 엄단해 장기간 사회에서 추방할 수 있는 방안을 검토하라'고 지시했다. 이에 따라 사회보호법안이 마련돼 공포되기에 이르렀다.

사회보호법은 1980년대에 많은 사람의 인권을 유린한 악법, 특히 전과자라는 이유 하나만으로 형기를 마친 후에도 다시 갇히게 만든 인권 유린 악법으로 죄형 법정주의, 이중 처벌 금지, 신체의 자유 등에 대한 위헌 논란이 일었다. 1989년 헌법재판소는 전과나 감호 처분을 선고받은 사실 등 법정 요건에 해당하면 재범 위험성 유무와 별개로 반드시 보호 감호를 선고해야 할 의무를 법관에게 부과한 사회보호법 제5조 1항이 헌법에 위반된다고 결정했다.

사회보호법 위헌 문제가 계속 제기됐는데도 이 법률은 쉽게 없어지지 않았다. 노무현 정부 때 강금실 법무부 장관이 노력을 많이 했는데도 검찰의 강한 반발로 없어지지 않았다. 그러다가 2005년 8월 4일 사회보호법 폐지 법률 시행으로 가까스로 폐지됐다. 악법을 폐지하는 것이 이렇게 힘든 일이었다. 이 폐지 법률에서는 이중 처벌 문제와 함께 "사회보호법 자체도 권위주의 시대에 사회 방위라는 목적으로 제정된 것으로, 위험한 전과자를 사회로부터 격리하는 것을 위주로 하는 보안 처분에 치중하고 있어 위헌적인 소지가 있"다는 것을 폐지 이유로 제시했다.

관제 야당까지 만든 전두환·신군부, 희대의 코미디 1대대-2중대-3소대

전두환과 5공 잔혹사, 다섯 번째 마당

김 덕 련 1980년 전두환의 체육관 대통령 취임, 새 헌법 제정, 그리고 국가보위입법회의를 앞세운 악법 제조까지 살펴봤다. 본격적으로 정권을 운영하기 위해 전두환·신군부는 그것 이외에 어떤 조치를 취했나.

서 중 석 이른바 제5공화국을 만들기 위한 작업으로 새 헌법을 만든 전두환·신군부는 이제 정당 만들기에 박차를 가했다. 어쨌든 대선도, 총선도 치러야 하니까 정당 만들기에 돌입한 것이다.

1980년 6월 20일경 전두환은 권정달 보안사 정보처장, 이종찬 중앙정보부 총무국장, 이상연 보안사 정보처 보좌관, 윤석순 중앙정보부 총무부국장, 이상재 보안사 언론 담당관 등 5명에게 신당을 만드는 사업의 실무 역할을 맡겼다.

전두환의 지시를 받은 창당 실무자 5인은 곧바로 보안사에서 작업에 착수했다. 4·19세대, 6·3세대, 언론인, 법조인 등을 끌어들였다. 신군부 하나회 회원은 군에서 출세할 수 있는 길이 있었기 때문에 당장 전역해서 정치권에 뛰어들 의사가 없었다. 민주정의당(민정당)은 이러한 과정을 거쳐 탄생하는데, 보안사가 중심이 돼서 민정당을 뚝딱 만들어낸 것으로 알려져 있다. 전두환을 총재로 한 민정당은 1981년 1월 15일 창당 대회를 열었다.

민정당 등 전두환·신군부 권력에 의한 정당 만들기 작업은 한국 정당사에서도 유례가 없는 희대의 희극이었다. 공장에서 물건을 만들어내듯 정당을 만들어냈는데, 보안사는 공장이었고 민정당은 제품이었다. 국민이나 주권자와는 아무런 상관없는, 민주 공화국에서는 있을 수 없는 정당 제조 작업으로, 이는 한국 정치 애사哀史이자 민주주의 장송곡이었다. 이런 식의 정당 제조는 세계 정당사에

1981년 1월 15일 잠실체육관에서 열린 민정당 창당 및 대통령 지명 대회. 사진 출처: 국가기록원

서도 희귀한 사례에 들어갈 것이다.

관제 야당까지 뚝딱뚝딱 만든 전두환·신군부

── 5·16쿠데타 후 박정희 세력도 공화당을 만들지 않았나.

그때 박정희, 김종필은 계엄 포고령으로 모든 정치 활동을 금지하고 중앙정보부를 통해 밀실에서 4대 의혹 사건으로 만들어낸 자금을 가지고 공화당 사전 조직 작업을 벌였다. 그 기간이 1년 이상으로, 엎치락뒤치락하는 장면까지 합치면 거의 2년이 걸렸다. 그래도 좀 길었고, 심각한 갈등 같은 것도 있었다. 그에 비해 민정당 창당 작업은 기간이 아주 짧았다. 반년밖에 안 걸려 전두환 명령에 따라 움직이는 정치 조직을 만들어낸 것이다. 한국 정당 정치의 슬픈 이야기는 거기서 끝나지 않았다. 전두환·신군부는 박정희·김종필이 꿈도 꾸지 못한 일까지 해냈다. 뚝딱뚝딱 야당까지 만들어낸 것이다.

야당으로 민한당과 국민당을 만들었는데, 이 작업은 중앙정보부가 주로 '주관'한 것으로 알려져 있다. 제2당 격인 민한당에는 예전에 야당을 했던 사람들이 많이 들어갔다.

그렇지만 옛날에 야당 했던 사람들이 다 여기 들어간 건 아니다. 과거 신민당 소속 중진 정치인들이 대거 정치 활동 규제자로 묶여 정치 일선에서 물러나게 되면서 정치 활동 규제에 걸리지 않은 남은 17명 의원 중심으로 창당됐다. 물론 김대중계와 김영삼계에서 선명 야당을 부르짖었던 사람들은 신군부가 아예 '접수' 대상에서 제외했다. 또 모 기관이나 신군부와 연줄이 닿아 있는 사람도 이 야당에 입성했다. 이들 중에는 모처에서 지시를 받아 움직이는 '오더 조組'라는 것도 있었다. 또 신민당에서 활동했던 정치인 중 일부는 민정당에 들어갔다.

그런데 왜 제3당으로 국민당까지 만들었느냐. 민한당이 옛 야권 인사로 대부분 구성돼 있었기 때문에 미덥지 않았던 것이다. 언젠가 정치 상황이 바뀌면 전두환·신군부 정권에 반대하는 활동을 할 가능성도 있다고 본 것이다. 그래서 또 하나의 준여당으로 보수세력을 중심으로 해서 국민당을 만든 것이다. 전두환은 야당에 정치 자금도 건넨 것으로 알려졌다. 물샐틈없이 야당을 장악하려 한 것이다.

이뿐 아니라 전두환·신군부는 진보 정당 분위기를 풍기는 정당도 만들게 했다. 고정훈이 민주사회당, 즉 민사당이라고 불린 걸 만든 건 이러한 맥락 속에서 파악된다. 그와 함께 신정당도 만들어졌다. 이렇게 민사당까지 만들도록 한 것은 노동 계층이 두터워지는 속에서 진보적 정치 활동을 하려는 세력이 나타나는 것을 차단하고 분열시키기 위해 관제적인 진보 정당을 미리 만들어둘 필요가 있다는, 이른바 심모원려에서 나온 것이었다.

이렇게 민한당, 국민당은 물론 관제적인 진보 정당까지 만들게 했을 뿐만 아니라 '각 당의 당수라든가 주요 당직자를 누구누구로 해라', 이렇게까지 정해줬다. 민정당 총재야 당연히 전두환이 하는 것이었고, 아무튼 그런 방식으로 해서 민한당 총재는 유치송, 국민당 총재는 한국화약과 긴밀한 관계에 있는 김종철이 맡게 된다. 민사당 당수는 고정훈이 맡았다.

정보 기관이 여당과 야당들을 만들 수 있다는 것은 그만큼 권력의 집중이 심하다고 할까, 강하다는 것을 말해준다고 하겠다. 일제 강점기, 미군정기, 이승만 집권기에 계속 권력이 과대 성장을 했지만, 특히 박정희 집권기에 와서, 그중에서도 유신 체제기에 권력 집중이 한층 강화되었고, 그것을 전두환·신군부가 고스란히 이어받은 것이 여당과 야당을 정보 기관에서 제조해내는 비극을 만들어냈다. 박정희 권력은 정보 정치에 기반을 둔 것이라고들 얘기하는데, 권력의 과대 성장은 정보 기관의 과대 성장과 궤를 같이했다.

● 유치송은 신익희 비서 출신으로, 박근혜 정부에서 경제 부총리를 맡은 유일호의 아버지다. 김종철은 한국화약(오늘날 한화) 창업주 김종희의 형으로, 국민당 총재를 맡기 전 이미 국회의원을 5번(자유당 1번, 공화당 4번) 했다. 국민당에는 주로 박정희 집권기에 공화당이나 유정회에서 활동한 인사들이 가담했다.

보안사는 12·12, 5·17쿠데타의 사령탑이었고, 광주사태에서 비선 라인을 형성했다. 국보위는 보안사가 중심이 되어 만들었고, 국보위의 갖가지 '숙정', '숙청' 사업도, 언론 통폐합도 보안사가 주도했다. '입법회의 만들기'도, 입법회의의 각종 악법 제조도 보안사가 깊이 관여했다. 그리고 대선과 총선을 치러야 하니까 보안사와 정보부가 여당과 야당을 상품을 찍듯 제조해내기에 이르렀다.

정당사에 길이 남을 코미디,
1대대-2중대-3소대

— 그렇게 무늬만 야당인 당들까지 정권 차원에서 만들어놓으면, 제도권 정치를 하겠다고 나서는 사람들이 특정한 정당에 들어간다는 게 별 의미가 없는 것 아닌가.

새로 정치인으로 등장한 자들 가운데에는 자기들이 가고 싶은 당으로 가지 못하는 경우도 있었다. 모모 인사들의 경우 민정당이 좋아 보인다며 그쪽으로 가려고 했지만, 전두환·신군부 쪽에서 '너는 거기 가지 말고 이리 가라', 이렇게 배치하기도 했다. 또 어딘가에 출마하려고 하면 '너는 거기 말고 이쪽으로 출마하는 게 좋겠다', 이런 식으로 선거 구도를 조정했다.

그런 속에서 윤길중도 민정당에 가게 된다. 윤길중은 이승만 정권 때 진보당에서 활동하기도 한 사람 아닌가. 예전 활동대로 한다면 윤길중을 민사당 당수로 만들면 제일 좋을 터이고, 내가 윤길중 측근한테 들은 얘기인데 윤길중 본인도 그쪽을 선호했다고 그런다. 그런데 '윤길중 너는 민정당으로 와라', 그래가지고 민정당으로 끌려가서 국회 부의장까지 하게 된다.

이렇게 민정당, 그 뒤를 쫓아간 민한당, 또 그 뒤를 쫓아간 국민당이 만들어졌는데 이건 다 전두환·신군부가 지휘하는 깃발 아래 움직이는 깃발 부대였다. 그래서 사람들은 이걸 1대대, 2중대, 3소대라고도 불렀고 1중대, 2중대, 3중대라고도 했다. 또 야당들을 '면허 정당', '들러리 정당'이라고도 불렀다.•

참, 이런 기가 막힌 정당사를 우리나라가 갖게 됐다. 그런데 이런 정당들을 만든 자들, 아까 누구누구라고 얘기했는데, 그리고 여기에 참여한 주요 당직자들은 조금도 부끄러워하지 않고, 조금도 서슴지 않고 거기에 들어가서 주도적으로 활동했다고 한다.

— 10대일 때 수업 시간에 우당友黨에 대해 교육을 받은 일이 생각난다. 교육 내용은 북한 같은 공산 독재 국가는 공산당 이외에 우호 정당, 즉 우당이라는 걸 두어서 다당제 형식을 취하지만 그건 제대로 된 다당제도, 민주주의도 아니라는 것이었다. 전두환·신군부가 진행한 정당 만들기 작업이 딱 그 꼴이다. 당시 관제 야당 만들기에 관여한 중앙정보부의 한 관계자가 "야당이라기보다는 우당이 필요했다"《남산의 부장들》)고 말한 데서도 이 점은 잘 드러난다.

• 유치송의 증언에 따르면, 이른바 야당 총재들이 청와대에서 조찬을 할 때 "야당 총재와"라는 말이 나오자 전두환은 정색을 하고 이렇게 말했다고 한다. "야당이 지금 어디 있습니까? 1·2·3당이지요." 1대대, 2중대, 3소대라는 세간의 이야기가 조금도 과장된 게 아님을 보여주는 풍경 중 하나다.

한 가지 덧붙이면, 자료에 따라 약간 차이가 있긴 하지만 '투 허'(허화평, 허삼수)는 정당을 만드는 작업에서 직접적으로 역할을 맡지는 않았다고 한다. 그래서 권정달이 이종찬 등과 함께 실무 작업을 한 것이다. 물론 보안사, 중앙정보부 쪽에서 실무를 진행했다고 하더라도 전두환을 정점으로 한 윗선의 지시에 따른 것으로 봐야 하고 또 이 시기에 '투 허'를 배제한 상태에서 중요한 일이 진행된 다는 건 생각하기 어려운 일이었다. 그 점을 생각하지 않을 수는 없지만, 정당을 만드는 일에 '투 허'가 그러한 태도를 취한 것으로 돼 있는 부분을 눈여겨볼 필요가 있다.

그렇게 된 이유에 대해 이도성이 재미있게 써놓았더라. '투 허'는 정당이 중요하다는 생각을 별로 안 했다는 것이다. 난 이 사람들한테는 정통 파시스트적인 면이 있었다고 본다. 그런 점에서도 '아, 우리가 권력을 쥐고 있으면 되지 정당이 무슨 중요한 역할을 하느냐. 일은 권력으로 처리하면 되는 것이고 정당이라는 건 그걸 떠받치는 허수아비에 지나지 않는다', 이런 면이 있었다. 그런데 사실은 허수아비 정당이라고 하더라도 현실 정치에서는 중요한 역할을 할 수 있고, 시간이 갈수록 중요성을 더하기 마련이다. '투 허'는 그걸 제대로 파악하지 못하고 정당을 중요시하지 않은 것 아닌가, 난 그렇게 본다.

레이건, 전두환을
취임 첫 손님으로 환대

— 민정당부터 일련의 관제 야당들에 이르기까지 그에 관한 최종

지시는 전두환과 무관하다고 볼 수 없다. 1대대, 2중대, 3소대라는 희대의 코미디를 제작한 총감독은 청와대였던 셈이다. 이제 대통령 선거 문제를 짚었으면 한다.

대통령 선거라는 희극을 보려면 먼저 김대중 문제가 어떻게 되는가를 살펴볼 필요가 있다. 전에 얘기한 대로 항소심(1980년 11월 3일)에서도 김대중은 사형 판결을 받았는데, 그 직후 미국에서는 대통령 선거에서 카터가 떨어지고 공화당의 레이건이 당선됐다. 앞에서도 언급한 것처럼 김대중은 옥중에서 큰 충격을 받았다. 이때의 심회를 자서전에 꽤 자세히 썼다. "사형 선고보다 더 낙담할 일이 일어났다. 누구도 나에게 알려주지 않았다. 청소하는 사람에게 물어봤다. 그랬더니 레이건 후보가 당선되었다는 것이다. 하늘이 무너졌다. '정말 사형이란 말인가. 하느님이 나를 버리셨다는 말인가.'"

실무 책임자는 아니었지만 허화평과 허삼수가 창당 주도 세력 중 하나였고, 전두환·신군부 내 다른 그룹에서 자신들을 배제한 채 창당 작업을 추진하는 것을 용납하지 않았으며, 또한 허화평이 수시로 메모를 통해 창당 관련 지시를 내렸다는 이야기도 있다. 정당의 역할을 중시하지 않았어도 자신들이 전두환·신군부에서 주도권을 행사하기 위해 취할 수 있었던 조치들이라고 볼 수 있다.

한편 이 정당 문제와 관련해, 훗날 전두환이 체포돼 12·12쿠데타와 광주항쟁 관련 재판을 받을 때 전두환 측 변호인이던 이양우 변호사가 피고인 전두환을 상대로 한 반대 신문 중 눈길을 끄는 대목이 있다. 1996년 법정에서 이양우와 전두환 사이에 다음과 같은 얘기가 오간다(이양우 물음, 전두환 답변). "피고인이 창당한 민정당은 1990년 1월 22일 (통일)민주당 및 신민주공화당과 구국의 영단으로 3당 합당을 해 민자당이 되었지요?" "그렇습니다." "결국 오늘의 집권당인 신한국당은 피고인이 창당한 민정당이 모체인 것이지요?" "그런 것으로 알고 있습니다." "민정당이 내란 과정에서 창당된 불법 정당이라면 신한국당도 하자가 있는 정당이지 않습니까?" "족보를 따지자면 그렇습니다." '신한국당 너희들, 그래 봤자 내가 만든 정당의 후예이니 날 너무 몰아붙이지 마라'는 전두환 쪽 메시지가 담긴 이야기라고 할 수 있다. 그 후 전두환은 2년 만에 수감 생활을 마감하고 사면됐고, 한나라당을 거쳐 새누리당으로 이름을 바꾼 신한국당 세력은 여전히 정치에서 큰 힘을 발휘하고 있다.

1981년 2월 2일 전두환은 미국에 방문해 레이건 대통령을 만났다. 전두환은 갓 취임한 레이건 대통령의 첫 번째 큰 손님으로 대접을 받았다. 이건 그야말로 미국이 전두환을 전적으로 지지하는 것이었다. 사진 출처: e영상역사관

김대중은 죽음의 공포를 이겨내기가 쉽지 않았다. 밖에서 발자국 소리만 나도 사형장으로 자신을 끌고 갈 사람이 아닌가 해서 깜짝깜짝 놀랐다. 1981년 1월 18일 김대중을 중앙정보부로 데리고 갔다. 거기서 대통령에게 감형을 탄원하는 글을 써달라고 했다. 몇 번이고 요구했다. 그러다가 김대중은 "나는 앞으로 되도록 언동을 신중히 하고 정치에 절대로 참여하지 않을 것을 약속한다"는 취지의 탄원서를 써서 건넸다. 닷새 후인 1981년 1월 23일 대법원에서는 상고 기각 판결이 나왔다. 사형 확정 판결을 내린 것이다.

그런데 김대중 자서전을 보면 "뜻밖에도 그날 오후 나는 무기 징역으로 감형됐다", 이렇게 쓰여 있다. "뜻밖에도"라는 표현을 썼다. 무기 징역으로 감형된 것에 대해서 여러 책에서는 레이건 정부, 그중에서도 특히 리처드 앨런 국가 안보 보좌관이 많은 노력을 한

걸 얘기하고 있다. 김대중 자서전에서는 카터 대통령 등 미국 정부와 함께 빌리 브란트 등 세계 각국의 저명한 정치인들이 노력했다는 점을 지적하고 있다.

나는 당시 레이건 정부가 전두환 정권을 지지하는 데 있어 그냥 지지할 수는 없었다고 본다. 전두환 정권이 어떤 정권인지 세계가 알고 있지 않은가. 그래서 일 하나를 하게 하고 전두환을 지지하는 형식을 취한 것 아닌가 하는 생각이 든다. 물론 구체적으로 앨런 보좌관이 누구를 만났는지 등은 기록에 다 나온다. 그렇다고 하더라도 큰 틀에서 그런 게 있었다고 난 본다.

그리고 전두환 정권이 김대중을 정말 죽일 수가 있었느냐, 이 점도 생각해볼 필요가 있다. 왜냐하면 너무 말도 안 되는 걸 조작해내서 김대중을 죽이려 한 것 아니었나. 더군다나 김대중이 일본에서 한 활동을 억지로 조작해서 국가보안법 적용자로 만들어 사형을 선고한 건데, 그건 사실 일본 정부와도 문제가 될 수 있는 부분이었다. 그런 점들을 놓고 볼 때 사형 선고는 위협 수단이 아니었느냐, 이런 생각이 한편으로 들기도 한다.

그러나 김대중 본인으로서는 워낙 위협을 강하게 받지 않았나. 그리고 장기간에 걸쳐 굉장히 어려운 상황에 놓여 있었다. 그런 점들 때문에도 대법원 판결이 난 날 오후에 감형 조치가 나오자 "뜻밖에도"라는 말을 쓴 것으로 보인다. 이러한 감형은 일련의 조치들과 다 연결돼 있었다.

─ 어떤 것들과 연결돼 있었나.

대법원 판결이 있기 이틀 전인 1981년 1월 21일(워싱턴 현지 시각), 레이건 대통령 취임식이 거행된 다음 날인 이날 백악관에서 전두환이 미국을 방문할 것이라고 발표했다. 그러니까 전두환은 레이건 대통령 취임 직후 첫 번째 손님으로 미국에 가는 것에 대한 '선물'로, 이틀 후인 대법원 판결 직후 김대중 감형 조치로 대답하는 수순을 밟은 것이었다. 전두환은 1월 28일부터 2월 7일까지 미국을 방문했다. 2월 2일에는 레이건과 회담했는데, 갓 취임한 레이건 대통령의 첫 번째 큰 손님으로 대접을 받았다.

이건 누가 봐도 미국이 얼마나 강하게 전두환 정권을 지지하느냐 하는 걸 잘 보여준 것이었다. 그래서 한국의 전두환·신군부 비판 세력들은 이제 미국에 대한 비판을 그전보다 더 강하게 하게 된다. 사실 광주항쟁 이전에는 미국이 어떤 짓을 했는지를 잘 모르는 사람이 많았다. 그렇지만 광주항쟁 때 미국이 취한 태도, 그 후 전두환이 '통대' 대통령이 될 때 미국이 보인 지지, 위컴 주한 미군 사령관의 들쥐 발언 등을 접하면서 미국에 대해 이전과는 다르게 생각하게 된 것이다. 그러한 것들에 이어서 전두환이 레이건 대통령 취임 후 외국의 국가 원수로서는 첫 번째로 백악관을 방문한 것이다. 이건 이전에 있었던 일들과는 차원이 다른, 그야말로 전두환에 대한 전적인 지지였다. 그런 속에서 김대중이 감형된 것이다.

돌아보면 한국의 역대 대통령들은 아주 중요한 시기에 미국을 방문했다. 이승만은 나중에 사사오입 개헌(1954년)으로 알려진, 대통령의 연임 제한을 없애고 영구 집권을 가능케 한 개헌을 하기 직전 대통령으로서는 처음이자 마지막으로 미국을 방문했다. 박정희는 영구 집권의 발판이 되는, 돌아올 수 없는 강을 건너는 3선 개헌안을 국회에서 통과시키기 직전인 1969년 8월 20일에 방미했다. 전두환도 그와 비슷한 수순을 밟은 것이다. 그렇게 미국을 방문하고 돌

1981년 3월 3일 제12대 대통령 취임 축하 행사. 사진 출처: e영상역사관

아온 전두환은 이듬해(1981년) 2월 25일 대통령 선거에 나서게 된다.

1대대 2중대 3소대 순으로 대통령 표 나와
전국구로 여유 있게 과반 차지한 민정당

— 대선 결과는 어떠했나.

5,277명의 선거인단 중 6명이 빠진 5,271명이 투표했다. 여기서 전두환은 4,755표, 민한당 대표 유치송은 404표, 김종철은 3소대라 그런지 표가 훨씬 적어서 85표를 얻었고 나머지는 군소 정당 후보에게 갔다.

'제1야당 당수에게 몇 표를 찍어라', 모처에서 이런 식으로까지

제12대 대통령 취임식 참석자들. 사진 출처: 국가기록원

만들어놓은 것인지는 알 수 없다. 그런데 묘하게도 그런 뭐가 있는 것처럼 전두환 표가 압도적으로 많이 나오고 유치송, 김종철이 그 뒤를 이었는데 그에 더해 군소 정당 표까지 나왔다. 아주 코믹한 투표였다. 그런 식으로 여러 명이 후보로 나서게 해서 '박정희 때와는 다르다'는 인상을 풍기려 한 것이다. 어쨌든 압도적으로 표를 많이 얻은 전두환은 12대 대통령에 당선돼서 3월 3일 미국과 일본의 강력한 지지 속에 취임식을 열게 된다. 그러면서 제5공화국으로 얘기되는 전두환·신군부 정권이 정식으로 출범하게 된다.

3월 25일에는 국회의원 선거가 실시됐다. 이 선거에서 민정당은 35.6퍼센트의 득표율을 기록하며 92개 지역구에서 90명이 당선됐다. 민한당은 21.6퍼센트의 득표율로 지역구에서 57명이 당선됐다. 국민당은 득표율 13.3퍼센트로 지역구 18석을 확보했다. 나머지는 민권당, 민사당, 신정당이 각각 2명씩 당선되는 등 군소 정당 및 무소속에게 돌아갔다.

그런데 민정당은 35.6퍼센트밖에 득표를 못했지만 전체 의석은 151석으로 여유 있게 과반을 확보했다. 제1당이 전국구 92석의 3분의 2인 61석을 차지하게 돼 있었기 때문에 지역구 90석과 합쳐 151석이 된 것이다. 전국구를 합치면 민한당은 81석, 국민당은 25석이었다.

─── 그 후 김대중은 한국을 떠나게 되지 않나.

1982년 12월 10일 안기부 간부가 찾아와서 김대중한테 미국으로 가지 않겠느냐고 말했다. 부인 이희호는 노신영 안기부장이 직접 만나서, 미국에 가서 김대중의 병을 치료할 것을 권했다. 아내의 거듭된 권유에 김대중은 미국행을 수락했다. 12월 16일 김대중은 서울대병원으로 이송됐다. 출국 과정에 대해 김대중은 이렇게 썼다.

"(1982년 12월) 23일이 출국일로 정해졌다. 23일 서울대병원 병실에서 나와서 구급차에 실려 김포공항으로 갔다. 대한항공 티켓을 구입했는데 (정작 타게 된 건) 노스웨스트항공이었다. 그 자리에서 청주교도소 부소장이", 서울대병원 이송 전 여기에 있었는데, "종이 한 장을 꺼냈다. 형 집행 정지로 석방한다는 걸 통지한 것이다. 그러면서 여권, 비행기 표를 줬다. 칠흑의 어둠을 뚫고 이렇게 조국을 떠났다."

사회·문화 규제 완화와 3S 정책
일본 극우 인사, 올림픽 개최 권유

전두환과 5공 잔혹사, 여섯 번째 마당

김 덕 련 이번에는 전두환 집권기 사회, 문화 정책을 짚었으면 한다. 전두환·신군부가 유신 정권을 이어받은 세력이긴 하지만 유신 정권의 사회, 문화 정책을 그대로 가져다 쓸 수는 없는 상황 아니었나.

서 중 석 전두환·신군부 정권의 사회, 문화 정책은 유신 헌법과 이들의 헌법이 약간 차이가 있는 것처럼 유신 정권의 그것과 차이가 있었다. 박정희 유신 정권은 금지와 제한, 즉 금제禁制와 복고주의를 기본으로 했다고 볼 수 있다. 그건 일제 말의 군국주의 파시즘과 연결되는 측면이 많았다. 전두환·신군부 정권은 병영 국가, 군사 문화라는 면에서는 박정희 유신 정권과 큰 차이가 없었다. 그렇지만 상당 부분 금지, 제한을 하면서도 그와 함께 풀어주는 면도 적지 않았다.

이렇게 규제 일색에서 개방이나 당근이라고 볼 수 있는 조치들이 나타난 데에는 시대적인 변화도 영향을 끼쳤다. 교육을 받은 층이 많이 늘어났고 또 노동 계층이 대량으로 증가하면서 대중 사회가 훨씬 더 두터워졌다. 그뿐 아니라 박정희 유신 정권의 억제, 억압에 대한 강한 반감으로 인해 이제 더 이상 그러한 억제, 억압 하의 사회 문화를 받아들이지 않으려는 성향이 있었다. 거기에다가 전두환·신군부로서는 12·12쿠데타, 5·17쿠데타, 광주 학살, 그리고 언론계를 비롯한 각계에 대한 연이은 숙청 작업 등과 다른 면모를 보여줌으로써 대중을 자기편으로 끌어들이거나 적어도 자신들에게 큰 불만을 갖지 않도록 유도할 필요가 있었다.

박정희가 막은 컬러TV 방송,
전두환·신군부가 뒤늦게 허용

—— 많은 사람에게 1980년대 하면 떠오르는 것 중 하나가 컬러TV 아닐까 싶다. 흑백 화면만 보다가 컬러 화면을 봤을 때 일종의 문화 충격을 받았던 기억이 저만의 것은 아니라고 본다.

1980년 12월 1일 KBS에서 컬러TV 방송이 처음으로 이뤄졌다. 시험 방송이었는데 이로써 컬러TV 방송 시대가 개막됐다. 그런데 컬러TV 판매가 자유화된 것은 8월 2일로 그보다 넉 달이나 앞서 있었다. 사람들은 컬러TV를 크게 환영했다. 한국 사회에서 이제 색의 혁명, 색채 혁명이 일어났다고 반겼다. TV 프로그램 내용은 비슷했지만, 물론 조금 있으면 스포츠가 TV 프로그램에서 대단한 비중을 차지한다는 게 1970년대와 큰 차이점으로 나타나기는 하는데, 컬러TV 방송은 대중의 감각을 크게 바꿔놓았다.

컬러TV 방송을 다른 나라보다 훨씬 늦게 시작했는데, 사실은 진작부터 할 수 있었다. 그리고 시판할 수 있게 컬러TV를 이미 대량으로 생산하고 있었다. 그렇지만 박정희는 10·26이 날 때까지 컬러TV 방송을 금지했다. 엄숙주의나 병영주의, 자신은 뒤에서 다른 짓을 하면서 국민한테 강요한 그 엄숙주의 그리고 병영주의에 의해 '계층 간 위화감을 막기 위해 컬러TV는 안 된다'며 그렇게 한 것이었다.

그런데 1980년경에 와서는 업계의 사정 때문에도 컬러TV를 내수 시장에 내놓지 않을 수 없었다. 강준만 교수 책을 보면, 한국은 1977년에 컬러TV 수상기 12만 대를 수출했고 1978년에는 50만

대 수출을 목표로 잡았다고 쓰여 있다. 컬러TV는 대부분 미국 시장으로 수출되고 있었다. 90퍼센트 정도가 그쪽에 팔렸는데, 1979년 미국이 수입 물량을 1년에 30만 대로 규제해버렸다. 한국 업체들의 TV 수상기 생산 능력은 1979년 기준으로 110만 대였다. 그러니까 이걸 어떻게든 팔지 않으면 전자 제품 업계가 아주 어려운 상황을 맞이할 수밖에 없었다.

컬러TV는 1980년 8월 2일 국내 시판이 허용된 순간부터 무섭게 팔려나갔다. 1981년과 1982년 사이에 200만 대, 1982년과 1983년 사이에 300만 대, 1983년과 1984년 사이에 400만 대를 돌파했다. 1985년과 1986년 사이에는 500만 대를 돌파해서 전 가구의 반절 정도에 보급된 상황이었다. 이때는 시청료 때문에 등록하지 않은 수상기도 상당수 있었는데, 그 점을 감안하면 보급률은 이보다 훨씬 높았을 것이다.

이렇게 되면서 전자 산업이 급속도로 성장했다. 1981년에 총 생산 규모가 37억 9,100만 달러였는데, 이건 1980년에 비해 33퍼센트나 성장한 것이었다. 그 후에는 더욱더 비약적인 성장을 하게 된다.

● 한국에서 컬러TV 방송을 처음 내보낸 건 주한 미군 방송AFKN이었다. AFKN은 1970년대 후반에 컬러TV 방송을 시작했는데, 한국에 온 미군이 흑백TV를 봐야 한다는 사실에 충격을 받고 불만을 품은 것이 크게 작용했다고 한다. AFKN 컬러 방송은 미군만이 아니라 일부 한국인들도 즐겨 봤다.
한국 정부가 AFKN에 컬러 방송 중단을 요청하는 일도 있었다. 1977년 문공부 당국자와 미 8군 측의 회의록을 입수해 보도한 연합뉴스 기사에 따르면, 그해 4월 문공부는 "(AFKN 컬러 방송은) 우리 국민이 총화 단결해 경제 건설에 열심히 매진해야 하는 현실에 유익하지 못할 것"이고 "국민도 현재 흑백 TV 방송에 만족한다"며 컬러 방송을 중단해달라고 요청했다. 같은 해 8월에는 "AFKN이 컬러 방송을 적극화할 경우 우리 국가 건설과 방위 노력에 지대한 장애를 초래할 것"이라며 다시 한 번 요청했다. 미군 측은 요청을 받아들이지 않았다. 한편 "국민도 현재 흑백 TV 방송에 만족한다"는 주장과 달리, 동아일보 1980년 11월 11일 자 기사에 따르면 부산을 비롯한 남해안 일대에서는 일본 컬러TV 시청률이 한국 흑백TV 시청률을 압도하기도 했다.

늦었지만 다행스러웠던
통금 해제와 두발·교복 자유화

—— 야간 통행금지가 사라진 것도 이 시기 아닌가.

통금은 1982년 1월 5일에 해제됐다. 미군이 인천에 상륙하기 하루 전인 1945년 9월 7일에 내린 군정 포고 제1호에 의해 실시됐는데, 그게 박정희 정권 때까지 계속해서 있다가 1982년에 와서야 없어진 것이다. 자정부터 새벽 4시까지가 통행금지 시간이었는데, 특히 술꾼들한테는 고역이었다.

통금은 구시대 억압, 금지와 제한을 상징하는 것 중 하나였다. 도대체 통금을 계속 실시해야 할 이유가 분명치 않았다. 물론 박정희 정권은 치안을 유지하기 위해서라고 주장했지만, 통금을 없애도 치안에 별 문제가 없다는 건 박정희 집권기에도 확연했다. 그런데도 없애지 않은 건 바로 이 억압, 금제 또는 군사 문화를 강화하는 데 통금이 필수 불가결한 도구였기 때문이다.

사실 1960~1970년대, 우리 젊은 시절에는 크리스마스를 그렇게 기다렸다. 그날이 1년 중 통금이 없는 단 이틀 중 하루였기 때문이다. 크리스마스하고 12월 31일, 즉 새해를 맞이하는 이때는 통금이 풀렸다. 그래서 크리스마스는 국경일보다 더 환영을 받았다. 그날은 밤새도록 놀아야 한다는 게 청소년들한테는 일종의 약속 비슷했다. 다들 그렇게 자유스럽게 밤을 지내고 싶어 했는데, 박정희가 계속해서 '통금을 해제하라'는 요청, 요구에 응답하지 않았던 것이다.

── 교회에 다니지 않는 사람들도 크리스마스를 환영할 수밖에 없었겠다.

그렇다. 예배당 가는 것과 상관없이 많은 사람이 그랬다. 통금을 해제한 데 이어 1982년 1월 2일에는 3월부터 학생들 두발을 자유롭게 하겠다고 발표했다. 1983년부터는 교복도 안 입어도 된다고 발표했다.

두발과 교복에 강한 제한을 뒀던 것도 억압과 금제를 상징하는 대표적인 것이자 일제 문화, 특히 일제 말 군국주의 문화를 이어받은 것이었다. 아, 일제 말 사진을 봐라. 다 머리를 빡빡 깎고 군복 비슷한 옷, 국민복이라는 그걸 입지 않았나. 그게 1961년 5·16쿠데타 후 부활됐다. 그러면서 대학생까지 그전에 안 입었던 교복을 입게 한 것 아닌가.

사실 한국 사회에서는 일제의 유산이 너무 오래갔다. 예컨대 국민학교라는 게 왜 생겼는가를, 1930~1940년대에 그게 생긴 이유를 교육계에서 아는데도 국민학교라는 명칭은 1990년대에 와서야 없어지지 않았나. 그래서 지금은 다른 이름으로 부르고 있지 않나. 선배에게 경례를 붙이게 한다거나 선배가 후배에게 무조건적으로 반말을 할 수 있게 한 것들도 일제 때 군사 문화를 제외하면 생각하기가 어렵다. 해방 후 군인 시대가 오랫동안 유지되면서, 어떤 면에서는 그런 게 일제 때보다 더 강화되기까지 했다. 선배한테 경례하는 건 지금은 없어졌지만, 우리는 고등학교에 다닐 때 선배한테 경례를 해야 했다. 선배가 후배한테 무조건적으로 반말하고 후배가 선배한테 말 높이는 건 지금도 하지 않나.

전두환·신군부 정권에서 두발, 교복을 자유롭게 한 것도, 그전에 당연히 없어져야 했던 건데 없어지지 않은 것을 풀어준 것이다. 너무 늦게 푼 것이긴 하지만 다행스러운 일이었다.

대중 조작적 측면으로 전두환·신군부 정권에 대한 강한 비판 의식을 무력화하고 정치에 대한 관심을 다른 데로 돌리기 위해 정권에서 장려한 정책으로 많은 사람이 3S라는 걸 꼽고 있다. 이제 그걸 살펴보자.

3S에 담긴
전두환·신군부 정권의 노림수

—— 3S는 섹스, 스크린, 스포츠를 가리키지 않나.

박정희 정권이 엄숙주의를 표방했지만 실제 1970년대 후반기에 얼마나 룸살롱이 유행했나. 1960년대에는 요정 정치라고 할 정도로 요정이 번성했다. 사실 성매매가 1960~1970년대에 심했고 박정희도 엄숙주의를 표방하면서 한 짓이 있지 않나.

그런데 1980년대에 오면 대중 사회가 또 그런 쪽으로 크게 번창하는 걸 볼 수 있다. 강준만 교수 책을 보면 1982년 1월 17일 자 한 주간지에 이렇게 쓰여 있다고 한다. "영동의 신흥 숙박업소들이 활황이다. 이들은 컬러TV에 침대는 물론 도색 필름을 구경할 수 있는 VTR 시설까지 완비, 시간제를 구가하고 있다." 시간제라는 건 시간을 정해 손님을 집어넣고 나가게 하는 걸 말한다.

1970년대 투기, 특히 1970년대 후반에 한국 투기의 가장 요지였던 영동, 지금은 이 말을 별로 안 쓰지만 강남 한복판을 가리키

1982년 <애마부인> 신문 광고.

는데, 그 영동이 이제는 신흥 숙박업소들이 활개를 치는 장소로 바뀐 것이다. 권력 쪽에서 방조했기 때문에 그렇게 됐다고도 볼 수 있다. 또 러브호텔이 1980년대 초에 들어서면서 어디서나 향락 산업으로 번창했다.

그런 속에서 섹스 산업이 융성해서,《우리들의 현대 침묵사》라는 책을 보면 인신매매단까지 있었다고 나와 있다. 1990년대까지도 이런 게 있지 않았나 싶은데, 하여튼 1980년대에 향락 산업이 번창하면서 공급이 모자라니까 유부녀들을 납치해 향락 업소에 넘긴 것이다. 그래서 대규모 인신매매단까지 나타나는 걸 볼 수 있다.

현대사회연구소 조사에 의하면 1983년도 매춘 여성의 수가 87만 명이었는데 1985년에 보사부 통계로 100만 명이 넘었다. 향락 업소의 수도 1983년에 24만 6,000개였던 것이 1985년 국세청 조사에 의하면 31만 4,000개가 넘었다. '한국은 인허가 국가'라고도 했는데, 1950년대부터 1980~1990년대까지 당국이 인허가를 안 해주면 이런 걸 할 수가 없었다. 러브호텔도 마찬가지다.

— 영화 쪽은 어떠했나.

스크린 하면 많은 사람에게 우선 생각나는 게 <애마부인>이다.

1982년 정초에 통금이 해제되자마자 서울에 있는 극장들이 앞다퉈서 심야 영화를 상영했다. 그러면서 1982년 2월 초부터 〈애마부인〉이 선풍적인 인기를 끌었다.

한국 사회에서는 1970~1980년대에 밤 문화가 융성하지 않았나. 남성 중심으로 술과 여자에 탐닉하는 밤 문화가 심했는데, 그러한 밤 문화와 연결되는 것 중 하나로 관능적이고 선정적인 영화가 등장한 것이다.

1970년대 중후반에 호스티스 영화라는 게 많이 나오는데, 〈영자의 전성시대〉(1975년)라든가 〈별들의 고향〉(1974년) 같은 건 호스티스 영화라고 하더라도 사회상을 잘 반영한 수준급 영화였다. 그렇지만 1978년, 1979년에 가면 〈O양의 아파트〉처럼 수준이 떨어지는 영화가 많이 나왔고 인기도 끌었다. 그러다가 1980년대에 〈애마부인〉이라는 게 나타나면서 에로 영화라고 불린 이런 부류의 영화가 크게 성행하게 되는데, 그것도 역시 당국의 방조와 연결돼 있었다.

예컨대 1982년 개봉 영화 56편 중 62.5퍼센트인 35편이 에로 영화였다. 한때는 국산 영화 대부분이 에로 영화였다는 말이다. 어째서 그런 게 나왔겠나. 사람들이 다 '이건 군사 정권의 의도 때문에 그런 것이다'라고 말했다. 그와 달리 1982년 배창호 감독이 만든 〈꼬방동네 사람들〉, 잘 만들었다는 이야기를 들은 이 영화는 무수히 가위질을 당했다. 1970년대와 마찬가지로 이런 좋은 영화들은 이 시기에 제대로 상영될 수가 없었다.

그러나 역시 3S의 총화는 스포츠였다. 스포츠, 이건 방조 정도가 아니라 전두환·신군부 정권이 가장 크게, 아주 적극적으로 육성했다.

1982년 3월 27일 한국 프로 야구 창단 개막 경기에서 시구하는 전두환. 사진 출처: e영상역사관

—— 이때 프로 스포츠가 등장하지 않았나.

1982년에 프로 야구가, 1983년에는 프로 축구와 프로 씨름이 출범했다. 지난번 선거에 이만기가 후보로 나왔는데, 이 사람이 1983년 이때 등장한다. 그러한 프로 스포츠가 인기를 끌었다. TV에서는 프로 스포츠 중계방송을 긴 시간 동안, 자주 내보내며 대단히 크게 다뤘다.

프로 야구는 전두환·신군부 정권이 1981년부터 얘기를 꺼냈다. 그 후 전두환·신군부 정권은 주요 기업들이 프로 야구 구단을 맡도록 독려했다. 1982년 1월에는 전두환이 직접 나서서 구단주들을 만났고, 이 자리에서 문교부 장관 이규호에게 프로 야구 출범을 전폭적으로 지원하라는 지시도 내렸다. 이날 전두환은 프로 야구에 대해 특단의 조치를 내렸다.

―― 어떤 지시였나.

강준만 교수에 의하면 전두환은 문교부와 문공부는 언론 기관을 통해 대대적인 홍보를 하고, 각 구단이 흑자가 될 때까지 면세 조치를 해주며, 선수들의 방위병 근무를 몇 년간 분할해서 하는 방법까지 연구하라고 말했다. 구단주들에게도 정치성이 있는 부탁을 했다. 전력이 '평준화'될 수 있도록 훈련을 철저히 하고, 지방 유지들이 관심을 갖도록 지역 특색을 살릴 수 있는 응원을 하라는 것이었다. 전두환은 당시 인기가 좋았던 고교 야구 팬들을 이제 프로 야구 팬으로 만들고, 야구 스타를 만들어 야구 선수가 부자가 될 수 있게 하라는 당부도 구단주들에게 했다. 청와대는 지역별로 구단을 선정해 서로 경쟁하되 어느 한 구단이 압도적으로 좋은 성적을 내는 일이 생기지는 않는 쪽으로, 그러니까 '평준화'가 되게 하도록 했다.

그렇지만 기업들을 끌어들이는 일이 쉽지만은 않았다. 예컨대 호남의 경우 삼양사도, 금호에서도 못하겠다고 하면서 애를 먹기도 했다. 그러다가 나중에 해태 타이거즈가 이쪽에서 나오게 된다.

그런 과정을 거쳐 프로야구가 출범하는데, 개막전에서 전두환이 시구하는 모습이 요란하게 TV 화면에 나왔다. 전두환은 프로 야구를 황금 시간대에 중계하도록 직접 지시했다. 프로 야구가 생기면서 스포츠 중계가 성행했는데, 스포츠 중계는 대부분 프로 야구 중계였다. 프로 야구 중계에 앞장선 건 MBC였다. 방송사나 스포츠 신문뿐만 아니라 일간지까지 앞다퉈 프로 야구를 크게 다뤘다. 프로 야구 선수로 큰돈을 버는 사람도 생겼다. 아마추어 선수가 10년은 걸려야 벌 수 있는 돈을 유명 선수들은 한 해 연봉으로 받았다.

프로 야구 관중석은 인산인해였다. 암표도 많이 나돌아 2,000원짜리 외야석 입장권이 6,000원에 거래되기도 했다.

프로 야구는 특히 전라도 사람들에게 인기가 있었다. 구단주 구하기도 힘들었던 것을 생각하면 놀라운 현상 같기도 했다. 그런가 하면 야구 중계를 할 때에 '모처'에서 해태 타이거즈에 대해서는 특별히 목청을 높여 중계하도록 했다. 똑같이 홈런을 날렸을 때에도 해태 타이거즈의 경우 아나운서가 계속 "홈~런" 소리를 하며 흥분해야 했다.

프로 야구가 출범한 다음 해인 1983년경부터 전라도 사람들은 프로 야구에 들떠 있었다. 광주 사람뿐만 아니라 전주, 군산, 익산 등 전북 사람들도 마찬가지였다. 프로 야구가 정치성이 있다는 것, 광주항쟁과 무관하지 않았다는 점을 몰랐을 것 같지도 않다. 어떻게 보면 한을 삭인다고 할까. 하여튼 엄청 많은 호남 사람들이 야구장으로 몰려가 소리를 질렀다.

당시 정부에서 스포츠를 얼마나 장려했는가는 TV에서 얼마만큼 큰 비중으로 방영했는가에 단적으로 드러나 있다. 한 자료에 의하면, TV 프로그램 편성에서 스포츠 중계 비율이 1981년에는 19퍼센트였는데 1982년에는 27퍼센트로, 1983년에는 28.2퍼센트로 높아졌다. 그것에서 나름대로 균형을 잡는다고 뭔가 조치를 취한 것인지 1984년, 1985년에는 25퍼센트를 유지했다. 아울러 관능적이고 선정적인 기사를 많이 실은 《선데이 서울》(1968년 창간) 같은 주간지가 유신 쿠데타 이전부터 이미 나왔지만, 1985년쯤 가면 그런 주간지 외에도 프로 야구를 비롯한 스포츠를 전문으로 다루는 일간지들도 많이 팔리고 종합 일간지에서도 스포츠 면이 큰 비중을 차지하게 된다.

일본 '막후 실력자'가 전두환에게
올림픽 개최를 권한 속내

── 프로 야구가 출범하면서 각 구단은 어린이 회원 모집에 열을 올렸다. 그때 어린이 회원에 가입하면 야구 점퍼를 비롯해 이 것저것 많이 받을 수 있었는데, 그런 야구 점퍼 같은 것 때문에 도 동네 아이들 사이에 묘한 위화감이 생겼던 기억이 있다. 다 시 돌아오면, 1980년대에 스포츠 이벤트 하면 뭐니 뭐니 해도 서울올림픽 아니었나.

전두환·신군부 정권의 스포츠 장려에서 빼놓을 수 없는 것이 올림픽 유치다. 올림픽 유치는 원래 박정희 정권 말기에 한번 해보 자고 했지만 그렇게 적극적이지 않았고, 최규하 정부에 와서는 포 기하는 쪽으로 갔다. 전두환이 권력을 잡은 후 그것을 적극적으로 추진하게 되는데, 그렇게 된 데에는 일본에서 '밀사'로 온 세지마 류조 일행의 역할이 상당히 있었다고 알려져 있다.

일본 자민당 정권은 1979년 12월 이후 1980년 5월 10일까지 여섯 차례나 전두환·신군부에 허위 남침 정보를 줬다. 그렇게 하면 서 전두환·신군부에 강한 호의를 보이고 지원을 했다. 광주항쟁 시 기인 1980년 5월 20일에는 마에다 도시카즈를 특명 전권 대사로 파 견했다. 마에다 도시카즈는 그 후 주한 일본 대사를 맡게 되는 사람 이다. 이 사람은 특명 전권 대사로 한국에 왔을 때 최규하 대통령은 만나지도 않고 광주 무력 진압 다음 날인 5월 28일 전두환과 회담 했다. 6월 9일에는 기우찌 아끼다네 외무성 아시아국장이 방한해서 전두환 쪽에 호의를 보였고, 6월 하순에는 일본 정계의 막후 실력자 세지마 류조가 비공식 특사로 방문했다. 그러고서 8월에 또 방문하게 된다.

세지마 류조 회고록에 의하면 1980년 3월 이병철이 "전두환, 노태우 두 장군을 만나 격려와 조언을 해줬으면 좋겠다"고 얘기했다고 한다. 이걸 보더라도 일본 자민당 정권이나 한국의 주요 재벌에서는 박정희 유신 정권에 이어 전두환·신군부 정권이 출현하기를 강하게 바랐고 그런 환경을 만들기 위한 작업을 나름대로 한 것을 알 수 있다.

그래서 세지마 류조하고 일본 상공회의소 부회장 고토 노보루, 이 두 사람이 1980년 6월과 8월, 두 차례에 걸쳐 한국에 왔다. 두 번째 왔을 때 올림픽 얘기를 했다. 많은 책들에 세지마 류조가 얘기한 걸로 돼 있지만, 세지마 류조 회고록에는 고토 노보루가 말했다고 나와 있다. 그렇지만 세지마 류조가 말했다고 한 것도 틀린 얘기는 아닐 것이다. 두 사람이 같은 입장이었을 것이기 때문이다.

— 올림픽 유치 문제에 대해 전두환에게 어떤 얘기를 했나.

고토 노보루는 일본의 경험, 즉 1964년 도쿄올림픽을 개최한 경험 같은 것에 비춰볼 때 올림픽이나 박람회가 민심을 끌어들이는 데 대단히 큰 역할을 한다고 얘기했다. 전두환·신군부 정권으로서는 귀가 아주 솔깃한 말을 해준 것이다. 고토 노보루는 놀랍게도 나고야 올림픽 유치 위원회 부회장을 맡고 있었는데도 그렇게 얘기한 것이다. 귀국 후 항의에 시달리기도 했지만, 나고야의 올림픽 유치 운동을 종전대로 추진한다고 하면서도 '서울의 올림픽 유치를 찬성하는 입장에는 변함이 없다'고 밝혔다고 한다.

1988년 9월 17일 88올림픽 개막식 행사.
올림픽이 한국에서 열릴 수 있었던 것은 일본
극우의 도움이 컸다. 한국에 극우 군사 정권이
존속하는 게 그들에게 유리했기 때문이다.
사진 출처: e영상역사관

여섯 번째 마당

자신들의 작은 명예보다 훨씬 중요하다고 본 것, 그러니까 한국에 친일 극우 군사 정권이 존속하는 게 일본에 얼마나 유리한 일인가를 생각하고 그걸 우선시한 것 아닌가. 일본의 극우들이 얼마나 무서운 사람들인가를 올림픽 유치 문제와 관련해서도 똑똑히 알 수 있다.

나는 전두환이 회고록에 이 문제에 대해 어떻게 썼을지 궁금했다. 아마도 안 썼을 것이라고 생각했다. 그런데 전두환은 3쪽에 걸쳐 세지마 류조와 고토 노보루 관련 글을 썼다. 그러면서 1980년 8월 두 번째로 만난 자리에서 세지마가 "10·26 이후 혼란과 침체를 겪고 있고 장래가 불투명한 상황에서 사회 분위기를 일신"하는 데 "올림픽 대회를 유치하는 것이 좋을 것이라는 의견"을 냈고, 고토도 비슷한 얘기를 했다고 적었다. 세지마가 "한반도의 안전이 일본의 안전과 직결되어 있다"며 노골적으로 속마음을 드러내 보이고 올림픽 유치를 적극 돕겠다는 뜻을 비쳤다는 말을 덧붙였다. 그래서 전후 사정을 생각해보니 두 사람의 조언이 선의에서 나온 건의라고 판단했다는 것이다.

— 그 후 전두환·신군부 정권은 어떻게 움직였나.

세지마와 고토의 얘기를 들은 뒤 전두환 정권은 적극적으로 올림픽 유치 작전에 들어가게 된다. 유학성 안기부장, 현대의 정주영, 박정희 집권기에 경호실장을 한 박종규가 활약하면서 1981년 9월 30일 서독 바덴바덴에서 88올림픽을 유치하는 데 성공했다.

대단한 개가로 국내에 엄청 크게 보도됐다. 박종규는 오랫동안 그쪽 활동을 했기 때문에 국제올림픽위원회IOC 쪽에 인적 관계가

1981년 3월 11일. 전두환이 사당동 난민촌을 방문했다. 사진 한쪽에 당시 판자촌 모습을 엿볼 수 있다. 1983년 목동을 시작으로 상계동, 사당동, 돈암동 등 서울 곳곳의 산동네 판자촌에서 합동 재개발이라는 이름의 개발 사업이 진행돼 판자촌 주민들이 큰 피해를 입었다. 사진 출처: 국가기록원

넓었고, 정주영은 물적인 것을 뒷받침해줬을 것이다. 그야말로 총력전, 전력투구를 해서 올림픽 개최권을 따냈다고 얘기들을 하는데 따지고 보면 나고야가 서울의 상대가 될 수 있었느냐, 또 일본 측에서는 다른 움직임도 있지 않았느냐 하는 걸 생각해볼 수 있다. 도쿄올림픽과 2008년 베이징올림픽의 거의 중간 시점에 한국에서 올림픽이 열린 것을 보더라도, 1964년 도쿄올림픽 이후 아시아에서 다시 올림픽이 열린다면 그건 한국에서 열릴 수밖에 없는 측면이 있기는 있었다. 어쨌든 한국이 굉장히 공을 들여서 개최권을 따낸 것은 사실이다.

그러면서 1982년에는 문교부 체육국이 독립해서 체육부가 되고 체육 입국이라는 걸 대대적으로 내세우게 된다. 그뿐 아니라 선수를 육성하는 일을 상당 부분 재벌들한테 떠넘기게 된다. 예컨대

대한체육회 산하에 33개 단체가 있었는데 그중 25개 단체의 회장이 재벌 총수였다.

이런 방식으로 물력을 기울이는 한편 메달을 획득하는 선수에게 병역 혜택을 주는 등의 특별 혜택을 부여하는 방안도 마련했다.' 병역 특혜는 한국에서 굉장한 것 아닌가. 그렇게 물적으로도 상당한 혜택을 받을 수 있게 됐으니까 선수들이 얼마나 열심히 했겠나. 그렇지만 그러한 병역 특혜 같은 것이 스포츠 정신과 거리가 있다는 건 확실하다. 그런 식으로 국가가 앞장서서 체육을 장려했는데, 그 의도는 프로 야구를 비롯한 프로 스포츠를 육성한 것과 같았다. 간단히 말하면 다 전두환·신군부 정권이 이전에 저지른 죄가 있어서였고, 이들의 정치 지향이나 성격을 보여주는 것이었다.

그런 속에서 1984년 미국 로스앤젤레스에서 올림픽이 열리는데 여기서 엄청난 성과를 거둔다. 그전에는 금메달 하나 따는 것도 어려웠고 주로 손기정 얘기만 했었는데 1984년에는 금메달 6개, 은메달 6개, 동메달 7개로 종합 10위를 했다. 그야말로 비약적으로 향상된 성적이었는데, 그 선수들이 들어올 때 환영 인파 수십만 명이 도열했다고 나와 있다. 서울시청 앞 광장에서 전두환이 메달을 획득한 선수들과 한 명 한 명 다 악수를 했는데, 그런 것들을 3시간이나 KBS, MBC가 생중계했다.

1981년으로 다시 돌아가면, 바덴바덴에서 올림픽 유치 결정을 얻어낸 것에 이어 86아시안게임 유치 작전에 들어가서 결국 아시

● 1981년 전두환·신군부 정권은 병역 의무의 특례 규제에 관한 법률 시행령을 개정했다. 올림픽을 비롯한 국제 대회에서 3위 이내에 입상하면 징집을 면제해 보충역에 편입하는 형태였다. 그 이전에 병역 특혜를 누린 선수는 1976년 몬트리올올림픽에서 금메달을 획득한 양정모뿐이었으나, 시행령 개정 후 병역 혜택을 누리는 선수가 많이 늘어나게 된다.

안게임도 유치하게 된다. 그러면서 86, 88 준비에 굉장한 힘을 기울이는데 그 때문에 판자촌 사람들이 고생을 아주 많이 하지 않았나.°°

이렇게 스포츠 정신과는 어긋난, 쿠데타와 광주 유혈 사태를 일으킨, 그리고 그 이후에도 계속 강권 억압 정치를 한 군사 정권이 장려한 스포츠 정책을 어떻게 볼 것인가. 그리고 그것의 총화라고도 볼 수 있는 88올림픽을 어떻게 볼 것인가. 이건 역사를 하는 사람들을 굉장히 힘들게 하는 문제다.

88올림픽을 어떻게 평가할 것인가

── 어떤 점에서 그러한가.

왜냐하면 단순하게 볼 수 없는 것들이 있기 때문이다. 88올림픽은 일정하게 한국인에게 자긍심, 자존심을 갖게 했다. 그리고 그 이전에는 어떤 면에서 한국이 다른 나라 사람들한테 눈총을 많이 받았는데, 올림픽을 계기로 오랜만에 한국이 전 세계에 긍정적으로

°° 1983년 목동을 시작으로 상계동, 사당동, 돈암동 등 서울 곳곳의 산동네 판자촌에서 합동 재개발이라는 이름의 개발 사업이 진행된다. 해당 지역에 집을 갖고 있던 사람들은 일정한 보상금을 받을 수 있었기에 그래도 사정이 나았지만, 판자촌 주민의 절반이 넘던 세입자들은 얼마 안 되는 보증금을 돌려받는 것만으로는 다른 곳에서 새 주거 공간을 구하기도 쉽지 않았다. 그렇지만 국제 행사를 앞두고 대대적인 도시 정비를 시도한 정부, 그리고 재개발로 떼돈을 벌 수 있었던 건설업체들은 강제 철거를 밀어붙였다. 그 때문에 판자촌 주민들은 생존권을 지키기 위한 철거 반대 투쟁을 처절하게 벌여야 했다. 그 과정에서 목숨을 잃는 사람도 곳곳에서 나타났다. 이와 더불어 정부는 국제 행사 개최 전거리 미화를 명목으로 노점상도 대대적으로 단속했다. 이러한 일들 때문에 "허울 좋은 올림픽에 도시 빈민 갈 곳 없다" 등의 항의와 "86, 88이 사람 잡는다"는 뼈 있는 이야기가 세간에 나돌았다.

부각된 면이 있었다. 물론 독재 정권이 정치적으로 이용한다는 비판 등 그렇지 않은 점도 적지 않았다. 그렇지만 긍정적으로 부각된 면도 분명히 있었다. 해방 후 한국을 세계에 널리 알리는 데 한국전쟁, 1970년대 박동선 사건에 이어 3번째로 이 올림픽이 기여했다고 볼 수 있다. 그다음에는 2002년 월드컵 축구가 있지 않나. 그게 네 번째라고 볼 수 있다. 88올림픽과 관련해 여러 가지 문제가 있었던 건 확실하지만, 이런 것들을 무시할 수만은 없는 측면이 있다.

한국은 일제로부터 유례없는 억압 지배를 받다가 해방이 됐는데 그 후 바로 분단을 맞고 또 전쟁을 겪지 않았나. 그리고 이승만 정권 12년, 거기에다가 유신 체제니 전두환·신군부 정권이니 해가 지고 군사 정권이 30년 정도 갔는데 이런 것들 때문에도 다른 나라 사람들이 한국인들을 얼마나 따끔한 눈초리로 대했나. '한국의 수준이 이 정도냐. 너희 나라는 어째서 그 모양이냐', 이런 얘기를 안 들을 수 없었다. 그런 것 때문에 어디를 가도 주눅이 들 수밖에 없었다, 이 말이다. '지금 너희 나라에서는 어떤 정치를 하고 있느냐', 이 얘기가 나오면 해외에서 뭐라고 답변할 수 있었겠나. 베트남 파병에 대해서도 외국에서는 '용병'이라고 비난하는 목소리가 있었고 눈총이 따가웠다.

그리고 한국은 해방 후에도 친일 잔재를 청산하지 못했고 군국주의 왜색 문화가 여전히 횡행하고 있었다. 그런 점에서 일본하고도 또 달랐다. 일본은 패전 후 부분적으로는 바뀐 면도 있었는데, 한국에선 군국주의 문화 같은 게 상당히 강하게 남아 있었다. 거기에다가 미군정 이래 미국과 연결돼 있는 사대 매판 문화도 있지 않았나. 미국에 예속된 면도 분명히 있었다. 그것을 반대하는 운동이 학생 운동의 중요한 한 부분을 차지하고 있었다. 이런 상황에서, 물론 일제 때보다는 민족적 자긍심이 훨씬 커지기는 했지만 그래도 한국인들은 정신적으로 아주 어렵게 살았다. 민족적 자긍심 같은 걸 갖기가 쉽지 않았다.

그런데 조금 전 말한 것처럼 일반 대중이 88올림픽을 통해 일정한 자긍심도 갖게 되고 전 세계에 한국이 긍정적으로 부각된 면이 나타난 것이다. 물론 88올림픽은 판자촌 철거 등 어두운 면을 그때도 감췄고 그 이후에도 계속 숨긴 게 사실이다. 또한 무엇보다도 전두환·신군부가 정치적 목적으로 유치했고, 또 메달이라는 것이 스포츠 정신과는 거리가 있는 각종 혜택과 연결된 면이 있는 점도 생각하지 않을 수 없다. 그런 속에서 파시즘적인 국가주의가 88올림픽과 관련해 깊이 침투한 면이 보이기는 한다.

그렇다고 하더라도 88올림픽을 통해 많은 한국인이 느낀 자긍심 같은 것을 무시해서는 안 된다. 또 이 시기를 보면 1987년에는 6월항쟁으로 민주주의, 자유, 인권이 두드러지게 신장되는 계기를 만들지 않았나. 그것이 한국인들에게 가져다준 강한 자신감도 있었다. 아울러 한국 역사상 단군 이래 최대 호황이라는 말까지 나온 3저 호황도 이 시기였다. 그만큼 경제가 호황을 누리고 있었고 그것이 가져다주는 자신감이 있었다. 그런 속에서 86아시안게임도 있었지만 특히 88올림픽과 연결돼서 과거와는 다르게 많은 대중이 긍지나 자신감을 갖게 한 점은 있다. 그게 꼭 올바른 것이냐 하는 점은 그것대로 논의를 해야 하는 것이지만, 역사가들은 이러한 여러 가지 면을 평가해야 할 것이다.

이념 투쟁 전개, '무림'–'학림' 사건
본격적 반미 투쟁, '부미방' 사건

전두환과 5공 잔혹사, 일곱 번째 마당

김 덕 련 전두환·신군부의 폭압 정치는 그것과 맞선 운동도 강렬한 모습을 띨 수밖에 없게 만들었다. 대표적인 사례가 학생 운동이다. 1980년대 초반 학생 운동 상황은 어떠했나.

서 중 석 전두환·신군부 정권은 1980년 5·17쿠데타 그리고 광주 학살 위에 들어서지 않았나. 그렇기 때문에 그것에 반대하는 학생 운동이 계속해서 일어날 수밖에 없었다. 1980년 9월 3일과 7일 사이에 전국의 대학들에서 2학기가 시작됐다. 5월 17일에 쿠데타가 일어나면서 문이 닫혔던 대학들이 109일이 넘는 휴교를 끝내고, 학생들이 다시 학교에 모이게 된 것이다. 그때 대학가 분위기가 얼마나 침통하고 암울했겠는가 하는 건 충분히 짐작할 수 있다.

문을 열자마자 바로 전두환·신군부 정권을 규탄하는 유인물이 돌고 시위가 일어났다. 사복 경찰이 캠퍼스 곳곳에 상주했기 때문에 시위를 하기가 어려웠지만, 그럼에도 학생들은 들고일어났다. 9월 8일에 이미 경희대에서 '살인마 전두환을 민족의 이름으로 처단하자'라는 제목의 유인물을 뿌리고 계엄 해제 등을 외치다가 6명이 잡혀갔다. 그 후에도 여러 대학에서 학생들이 들고일어났는데, 특히 10월 8일 한신대에서는 교내에서 농성한 146명이 전원 연행되고 휴교령이 떨어지는 사태가 벌어졌다. 10월 17일에는 고려대에서 500여 명이 참여한 시위가 일어났다. '반파쇼 민주화의 횃불을 높이 들자'라는 제목의 선언문을 뿌리고 교내를 누비며 학생들은 교내에 진입한 경찰에 강제 해산될 때까지 시위를 계속했다. 이 시위로 46명이 구속됐고 여기에도 다음 날 휴교령이 떨어졌다. 그 후에도 성균관대, 숙명여대, 연세대 등 여러 대학에서 12월까지 시위가 벌어지고 유인물이 배포됐다.

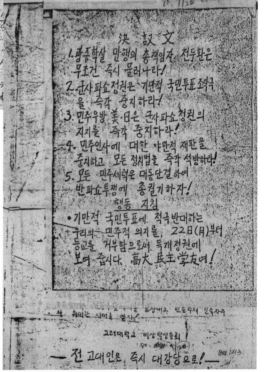

1980년 9월 3일과 7일 사이에 전국의 대학들에서 2학기가 시작되자마자 전두환·신군부 정권을 규탄하는 유인물이 돌고 시위가 일어났다. 사진은 경희대와 고려대에서 뿌린 유인물 '살인마 전두환을 민족의 이름으로 처단하자', '반파쇼 민주화의 햇불을 높이 들자'. 사진 출처: 오픈아카이브

그런 속에서 무림, 학림, 부림이라는 기이한 이름을 가진 사건이 발생했다. 이름만 놓고 보면 당시 인기리에 읽혔던 무협지에 등장할 것 같은 사건들이 계속해서 일어나게 된다.

역량 보존인가 선도 투쟁인가…
의견 갈린 학생 운동 덮친 무림·학림 사건

—— 무림과 학림, 어떤 사건들이었나.

먼저 무림 사건을 보자. 여기서 먼저 언더under 지도부라는 걸 살펴볼 필요가 있다. 요즘 일반 사람들한테는 이해가 잘 안 될 수도 있겠지만, 이때는 탄압 때문에 대중적인 활동을 제대로 하기가 어려웠기 때문에 비공개로 움직여야 할 필요성이 있었고 그러면서 언더 지도부라는 게 생기게 된다. 1980년 '서울의 봄' 학생 시위, 그중에서도 5월 15일의 서울역 시위에서 이들은 복학생 그룹과 함께 영향력을 행사했다.

이 시기에 서울대의 언더 지도부는 신군부가 학생 운동 세력을 대대적으로 수사하려고 하니 시위를 자제하고 역량을 보존해야 한다고 판단했다. 학생 운동 세력의 가장 큰 임무가 민중적 역량을 강화하고 집단적, 조직적으로 노동 현장에 들어갈 준비를 하는 것이라고 봤기 때문이다. 그렇기 때문에 조직을 위태롭게 할 수 있는 행동을 자제하고 기본적 역량을 강화해야 한다고 생각한 것이다.

그렇지만 이러한 입장을 비판하는 목소리가 학생 운동 내에서 상당히 강하게 나오게 된다. 학생 운동 세력이 전체 운동에서 앞장

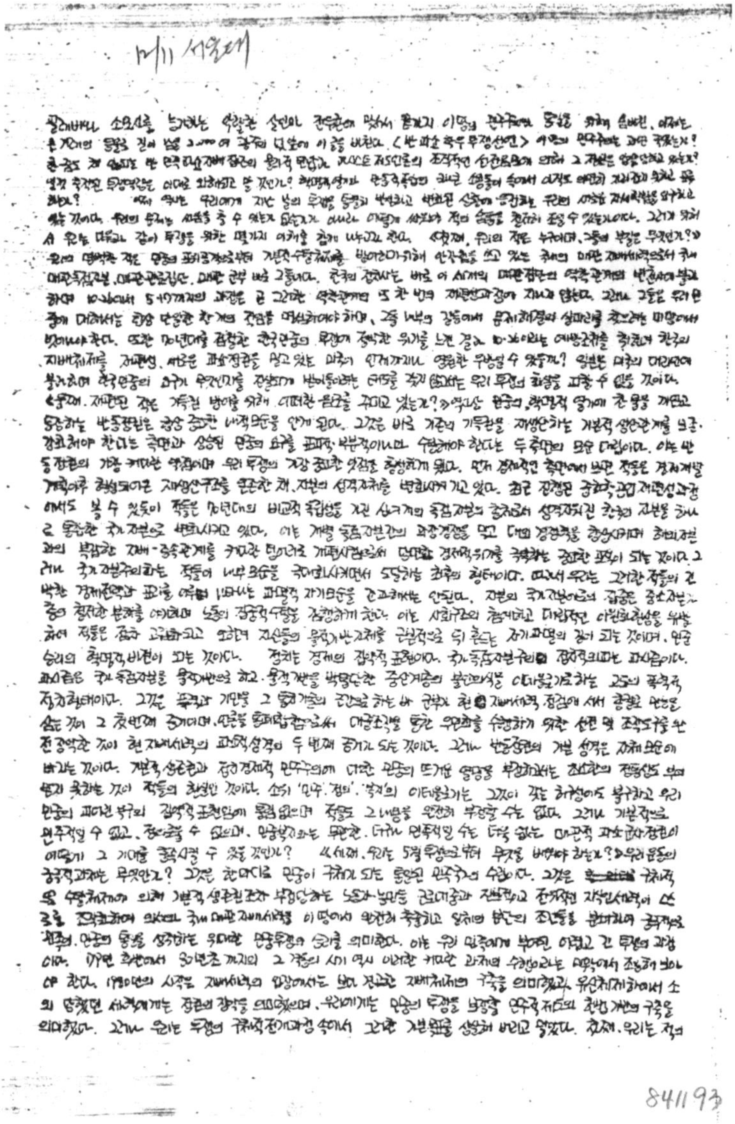

1980년 12월 11일 서울대에서 뿌린 유인물 '반파쇼 학우 투쟁 선언'. 공안 당국은 학생 운동의 뿌리를 뽑기 위해 연행된 사람들을 가혹하게 고문하면서 대대적으로 수사를 벌였다. 사진 출처: 오픈아카이브

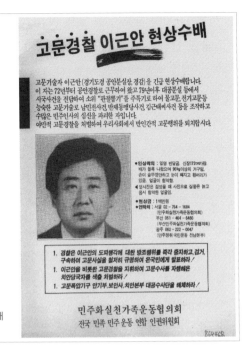

고문경찰 이근안 현상수배

고문기술자 이근안(경기도경 공안분실장, 경감)을 긴급 현상수배합니다.
이 자는 72년부터 공안경찰로 근무하여 왔고 79년이후 대공분실 등에서
시국사건을 전담하여 소위 "관절뽑기"를 주특기로 하여 물고문, 전기고문등
능숙한 고문기술로 납민전사건, 반제동맹당사건, 김근태씨사건 등을 조작하고
수많은 민주인사의 심신을 파괴한 자입니다.
야만적 고문경찰을 처벌하여 우리사회에서 반인간적 고문행위를 퇴치합시다.

●인상착의 : 일명 반달곰, 신장172㎝이상,
배가 볼록 나왔으며 90㎏이상의 거구임,
손이 솥뚜껑만하고 눈이 째지고 한쪽이기
임음. 얼굴이 험악함.
◀일시진 찍었을 때 사진은 실물은 젊고
몹시 험악한 얼굴임.
●현상금 : 1백만원
●연락처 : 서울 02 - 764 - 1684
(민주화실천가족운동협의회)
부산 051 - 464 - 6480
(부산민주화실천가족운동협의회)
광주 062 - 222 - 0047
(민주쟁취국민운동 전남본부)

1. 경찰은 이근안의 도피행각에 대한 방조행위를 즉각 중지하고 검거,
구속하여 고문실을 철저히 규명하여 온국민에게 발표하라 !
2. 이근안을 비롯한 고문경찰을 지휘하여 고문수사를 자행해온
치안당국자를 색출 처벌하라 !
3. 고문폭압기구 안기부, 보안사, 치안본부 대공수사단을 해체하라 !

민주화실천가족운동협의회
전국 민족 민주 운동 연합 인권위원회

1980년대
민주화실천가족운동협의회에서
내건 고문 경찰 이근안 현상 수배
전단. 사진 출처: 오픈아카이브

서서 선도 투쟁을 해야 하며, 시위를 자제할 때가 아니라는 주장이
었다. 그리고 전두환·신군부가 광주에서 저지른 만행에 분노하던
학생들의 분위기도 있었다. 이러한 비판을 받고 하면서, 대학의 침
체 상태를 극복하기 위해 이 언더 그룹에서 투쟁에 나서게 된다. 그
래서 1980년 12월 11일 서울대에서 '반파쇼 학우 투쟁 선언'을 뿌리
며 시위를 주도했는데, 현장에서 10여 명이 연행됐다. 이 유인물에
서 학생들은 국내 매판 지배 세력, 즉 국내 매판 독점 자본과 매판
관료 집단, 매판 군부를 '우리의 적'으로 규정하고, 매판 파쇼 정권
을 지지하는 미국과 일본이 우방일 수 없다고 비판했다. 이 유인물
의 제목 아래에는 "(이란의) 팔레비와 (니카라과의) 소모사를 능가하는
악랄한 살인마 전두환에 맞서서 이 땅의 민주주의와 통일을 위해

몸 바친 2,000여 광주의 넋 앞에 이 글을 바친다"라고 쓰여 있었다.

공안 당국은 이념성이 강한 점도 주목했겠지만, 광주항쟁 이후 전두환·신군부에 정면 도전한 학생 운동이기 때문에도 학생 운동의 뿌리를 뽑기 위해 연행된 사람들을 가혹하게 고문하면서 대대적으로 수사를 벌였다. 고문 기술자 이근안도 고문에 나섰다. 언더 지도부만이 아니라 그 지도부의 기반이 됐던 학회들의 현황이나 연락 방식까지 모두 드러났다. 당국은 이 사건이 언론에 크게 보도되도록 했다. 이 사건에 대해 공안 당국은 무림 사건이라고 이름을 지어 줬는데, 9명이 구속되고 90여 명이 강제 입영됐다. 정체를 뚜렷이 알 수 없고 안개 속처럼 모호하게 연결돼 있다고 해서 무림이라는 이름을 붙였다.

1980년대에만 나타난다고 할 수는 없어도 1980년대에 들어서 뚜렷하고 중요하게 나타나는 것이, 노동 운동을 중시하면서 새로운 세계, 새로운 사회를 건설해야 한다는 이념적인 성격이 강한 주장과 연결된 학생 운동이다. 무림 사건이 주목받은 것은 그러한 주장과 연결해 반전두환·신군부 투쟁을 벌인 학생 운동 사건으로 1980년대에 첫 번째로 크게 터진 게 바로 이 사건이라고 보기 때문이다. 그런 점에서도 무림 사건은 평가를 받을 수 있다.

무림 사건과 대칭적으로 얘기되는 것이 학림 사건이다. 선도 투쟁을 강조하면서 무림 쪽 언더 지도부를 비판하는 목소리가 강하게 나왔다고 앞에서 얘기했는데, 그게 바로 나중에 학림으로 불리게 되는 이쪽이다. 이쪽 그룹에서는 학생 운동은 선도 투쟁, 정치 투쟁을 통해 문제를 제기해야 하며, 그 성과를 받아 궁극적인 문제 해결을 해야 하는 건 노동 운동 쪽이라고 봤다.

이런 입장을 가진 학생 운동권은 이선근이 중심이 돼서 1981

년 2월에 흥사단 아카데미를 기반으로 서울대, 성균관대, 이화여대 등 서울에 있는 대학과 부산, 광주 학생들을 연결해 전민학련이라고도 불리는 전국민주학생연맹을 결성했다. 그에 앞서 1980년 5월 초, 이때는 광주항쟁이 일어나기 직전인데, 이태복 등이 광주의 윤상원이라든가 여러 노동 운동가들과 함께 전국민주노동자연맹(전민노련)을 만들었다. 현장 조직이 취약하다는 약점은 있었지만 노동자의 입장을 대변하겠다는 노동자 조직을 만들었던 건데, 전민학련은 그것과 연계된 학생 운동 조직이라고 볼 수 있다.

전민학련은 여러 대학에서 반정부 시위를 벌였다. 1981년 3월부터 6월까지 서울대, 부산대, 동국대, 성균관대 등에서 시위를 벌였다. 그러다가 1981년 6월 이태복과 이선근이 남영동 치안본부에 연행되면서 학림 사건이라고 불리는 사건이 터지게 된다. 이태복, 이선근은 남영동 치안본부 대공분실로 끌려갔다. 수사 당국은 "네가 바로 코뮤니스트지?"라며 물고문 등의 고문을 했다. 물고문을 받는 사람이 토하고 심한 위경련이 일어나 비명을 지르면, 수사 당국은 수건을 입에 물렸다. 이렇게 일주일 동안 물고문, 전기 고문, 발바닥 고문 등 각종 고문을 당했다. 이태복은 무기 징역을 선고받았다.

부산 민주화 운동 세력 겨냥한
조작극, 부림 사건

── 부림 사건의 경우 무림, 학림 사건과 이름은 비슷하지만 내용은 많이 다르지 않나.

부림 사건은 그 사건들하고 성격이 또 다르다. 학림이나 무림의 경우 학생들이 투쟁을 하려고 했고 실제로 했지만, 부림의 경우 그렇지 않다. 직접 시위를 벌이거나 하지 않았는데도 사건에 휘말렸다.

1981년 5~6월에 부산대에서 학생 시위가 일어났다. 그러자 당국에서 수사를 벌였는데, 이호철을 주모자로 지목했다. 이 사람이 학림 사건과 관계가 있다는 것이 드러나자 공안 당국은 부산에 있는 민주화 운동 세력을 일소하기 위한 조작극을 벌였다. 그래서 1979년 부마항쟁으로 구속됐다가 풀려난 사람은 물론이고 부산양서협동조합 조합원, 그리고 학생 시위에 참가한 적이 있는 대학생들까지 싹 잡아들인 다음 심한 고문을 가해 사건을 만들었다. 그게 부림 사건이다.

그 후 이 사건은 2013년에 개봉한 〈변호인〉이라는 영화를 통해 널리 알려지게 된다. 이 영화를 본 사람이 1,000만 명이 넘는데, 나는 거기서 노무현 같은 사람이 이 사건을 통해 '비로소' 사회 문제에 눈을 뜨고 현대사의 진실을 알면서 새로운 출발을 하는 걸 보고 충격을 받았다. 그 이전에는 현대사의 진실을 알지 못했다니 놀라웠다. 부림 사건에서 문재인, 김광일 변호사가 노무현 변호사와 함께 무료 변론을 했다.

— 당국은 대학가를 겨냥해 공안 사건을 연이어 터뜨렸지만 그것으로 학생들의 입을 틀어막을 수는 없지 않았나.

학림, 부림 사건 관계자들이 잡혀간 1981년에는 시위가 더 커졌다. 3월 19일 서울대에서 문용식 등 1,000여 명이 반파쇼, 이제 이름도 이렇게 나오는데, 민주 투쟁 선언문을 뿌리면서 시위를 벌였다. 3월 30일 성균관대에서도 400여 명이 모여 시위를 벌였다. 4월 14일에는 서울대에서 유기홍 등의 주도로 시위가 일어났다. 1,500명에서 2,000명 정도가 참여한 큰 시위였다. 5월, 광주항쟁 1주년이 다가오자 시위는 더욱 격렬해졌다. 5월 12일 교내에 '5월 광주항쟁을 기억하자'라는 플래카드를 내걸고 '학우여 반파쇼 투쟁의 대열에 나서자'라는 유인물을 뿌리며 성균관대 학생들은 종로 4가, 동대문경찰서까지 나아가 시위를 했다. 연세대, 동국대, 중앙대, 서울대, 고려대, 이화여대에서 시위가 일어났고 부산대 학생들도 시위를 벌였다. 부산대에서는 6월 12일에 2,000여 명이 모여 시위를 벌였는데, 그러면서 부림 사건으로 가게 된다.

이 가운데 5월 27일 서울대 시위는 광주항쟁 희생자 위령제가 저지되면서 일어났다. 광주항쟁과 관련된 유인물은 이미 많이 살포된 상태였고, 드디어 학내에서 위령제를 열려고 하는데 그것이 저지되니까 시위로 이어진 것이다. 그런데 그때 김태훈이 "전두환 물러가라"고 세 번 외친 후 도서관에서 투신해 사망하게 된다.

충격을 받은 서울대 학생들은 다음 날, 그다음 날에도 시위에 나섰다. 5월 28일에는 2,000여 명의 학생이 시위를 벌였다. 학생 150여 명은 신림 사거리로 진출해 시위를 벌였고, 밤에는 여의도광장까지 갔다.

— 여의도광장으로 향한 특별한 이유가 있었던 것인가.

당시 여의도광장에서는 1970년대 대학가를 풍미했던 마당굿 등이 벌어지고 있었다. 전두환 정권이 막대한 비용을 들여 벌인 '국

1981년 5월 28일부터 6월 1일까지 여의도광장에서 열린 국풍 81. 사진 출처: 국가기록원

풍 81 축제'라는 대규모 관제 민속 축제였다. 언론·문화계 실세였던 허문도가 중심이 돼서 5·18 광주항쟁 1주년에 맞춰 축제 판을 벌여 학생들의 관심을 그쪽으로 끌어 모으려 한 것이다. 여기에는 과거에 대학에서 민속극을 했던 사람들도 참여했는데, 이 국풍 81 축제를 반대하고 방해하기 위해 학생들이 여의도광장에 간 것이다. 5월 29일에도 서울대 학생 500여 명이 신림 사거리에서 시위했다.

1981년 2학기에도 수많은 유인물이 대학가에서 돌았다. 또 1,000명 넘게 참여한 시위가 성균관대, 서울대, 연세대에서 벌어지는 등 여러 대학에서 시위가 계속됐다. 그런 속에서 1982년에 학생운동 또는 민주화 운동뿐만 아니라 사회 전체에 큰 영향을 준 유명한 '부미방' 사건이 일어난다.

반미와 '광주'를 전면에 내걸고
사회에 충격을 준 '부미방' 사건

── 부산 미국 문화원 방화 사건, 어떻게 전개됐나.

1982년 3월 18일 오후 부산 중심지인 대청동에 있는 미국 문화원에서 폭음과 함께 시커먼 연기가 치솟았다. 인근 번화가에는 반외세, 반정부를 주장하는 유인물이 살포됐다. 이 불로 미국 문화원에서 공부하던 한 학생이 사망했다. 여러 면에서 전에 보지 못한 양상을 보여줬고 학생 운동에 중대한 전기가 된 부산 미국 문화원 방화 사건이었다. 1980년대 중반 학생 운동의 주류가 되어 6월항쟁에서 선도 투쟁을 벌였던 NL계는 '부미방'에서 대단한 영감과 감동을 받았다.

이미 이날 오전 11시부터 고신대(고려신학대) 문부식과 부산대 유승렬이 휘발유 30리터를 사서 플라스틱 통에 담았다. 고신대 김은숙과 이미옥, 부산대 최인순, 부산여대 김지희 등은 휘발유를 문화원까지 운반해 점화하는 일을 맡았다. 고신대 박원식과 최충언, 그리고 유승렬 등은 부근 국도극장과 유나백화점에서 '살인마 전두환 북침 준비 완료', '미국은 더 이상 한국을 속국으로 만들지 말고 이 땅에서 물러가라'는 제목의 유인물을 살포했다. 오후 2시 정각에 시작돼 예정대로 진행됐다. 그러나 생각지 않게 불길이 치솟으면서 미국 문화원 도서관에서 공부하던 동아대 학생 장덕술이 현장에서 사망했고, 세 명의 학생이 화상을 입었다. 학생들이 휘발유의 성질을 몰랐기 때문에 일어난 비극이었다.

이때 유나백화점, 국도극장 등 시내에 살포된 '미국은 더 이

상 한국을 속국으로 만들지 말고 이 땅에서 물러가라'는 유인물에
는 이런 말이 있다. "이 땅에 판치는 미국 세력의 완전한 배제를 위
한 반미 투쟁을 끊임없이 전개하자. 먼저 미국 문화의 상징인 부산
미국 문화원을 불태움으로써 반미 투쟁의 횃불을 들어, 부산 시민
에게 민족적 자각을 호소한다." 이 유인물에는 이처럼 그 당시 일반
시민들한테는 정말 충격적인 내용들이 담겨 있었다.

그로부터 12일 후인 3월 30일 경찰은 최인순 등 5명을 체포했
다. 이 과정에서 문부식, 김은숙에게 무려 2,000만 원의 현상금까지
내걸었다. 또한 경찰은 문부식, 김은숙 등을 지명 수배했다. 그 이
틀 후인 4월 1일 원주 가톨릭교육원에 피신해 있던 문부식과 김은
숙이 원주 교구 최기식 신부, 그리고 서울의 함세웅 신부 등의 주선
으로 자수했다. 자수하기 직전 문부식과 김은숙은 결혼식을 대신한
예식을 올렸다.

문부식, 김은숙은 미국 문화원 방화 사건 직후 어디로 가야 할
지를 정하기 어려운 상태였는데, 원주 교구에 가본 적이 있었기 때
문에 원주 가톨릭교육원으로 가면 안전할 것이라고 믿고 갔던 것이
다. 천주교회에서는 이들을 받아주면서 자수할 것을 설득했고, 당
국과 이들의 자수 문제를 논의했다. 그렇게 해서 두 사람이 자수하
게 된 것이다.

그런데 문부식, 김은숙을 고문하면서 심문하는 과정에서 경찰
은 원주 가톨릭교육원에 수배자 김현장이 있다는 것을 알게 된다.
김현장은 광주항쟁이 한창 진행될 때 '전두환의 광주 살육 작전'이
라는 유인물을 만든 사람이다. 이 유인물이 전국에 배포돼 읽혔는
데, 특히 전주 교구에서 이걸 적극적으로 배포했다. 문부식, 김은숙
은 지학순 주교만 믿고 원주 교구로 갔는데 가톨릭교육원에서 수배

중인 김현장을 만났다. 김현장의 은신처를 경찰이 알게 되면서 김현장도 4월 2일 자수 형식으로 검거됐다.

천주교회가 당국하고, 이건 고위층을 말하는데, 자수 문제를 논의할 때에는 정부가 천주교회 측에 감사하다고 그랬다. 그런데 4월 8일 정부는 최기식 신부 등 5명을 범인 은닉 혐의로 구속했다. 그러면서 사태가 더 커졌다. 최기식 신부 구속은 사제의 본질을 묻는 사건이었다. 최 신부는 구속된 직후 양심선언을 통해, 병든 몸으로 찾아온 학생 운동 관련자와 광주사태 관련자를 보호한 것은 사제로서 양심의 가책은 물론 한 점 부끄러움이 없다고 고백했다. 이렇게 문부식, 김은숙뿐만 아니라 김현장이 구속되고 조금 있다가 최기식 신부마저 구속되는데 김현장이 '부미방' 사건의 최고 주동자로 조작됐다.

—— 김현장과 문부식은 어떤 관계였나.

이 사건 전부터 두 사람이 아는 사이였고, 사건 전해(1981년 9월 말)에 원주 가톨릭교육원에서 만났을 때 김현장이 문부식한테 광주 미국 문화원 방화 사건(1980년 12월)에 대해 얘기한 건 사실이다. 그리고 광주 미국 문화원 방화 원인이 광주 학살 당시 계엄군의 광주 이동을 명령한 총책임자가 주한 미군 사령관이라는 점, 이 부분은 뒤에서 다시 얘기할 것인데, 이 점도 김현장이 1981년 9월에 얘기했다. 김현장은 광주 미국 문화원 방화가 수단에 있어서는 문제가 있지만 그 목적에 있어서는 정당하다는 얘기도 했다.

그렇지만 김현장은 '부미방' 사건과 아무런 관계가 없었다. 그런데도, 광주항쟁을 국민들이 이상하게 생각하도록 하기 위해서였겠지만, 김현장을 최고 주동자로 조작해 사건을 키운 것이다.

그와 함께 정부 당국과 언론은 천주교회를 악랄하고도 집요하게 음해하고 공격했다. 김현장과 천주교회가 마치 공범 관계인 것처럼 덮어씌우고 천주교회가 용공 세력의 은신처를 일상적으로 제공하는 것처럼 몰아세웠다. 그런 식으로 몰아가면서 천주교회 자체가 용공 세력인 것처럼 선전했다.

이 부분에 대해서는 김정남의 책이 자세하다. 김현장이 원주교구 강사로 활동했다는 것도 허위 선전이지만 가톨릭농민회와 노동청년회 활동이 마치 지하 조직적이며 반국가적인 것처럼 모략했다. 원주교육원의 농민 교육용 피켓도 혁명 도구로 둔갑시켰다. 김수환 추기경은 4월 8일 명동성당 미사에서 강론하면서 이렇게 심경을 피력했다. "여론을 오도해서 마치 우리 가톨릭교회가 범죄의 소굴인 것처럼 유도해가고, 그럼으로써 나라에 이익이 되는가, 우리 사회에 이익이 되는가 묻고 싶을 뿐입니다. 만일 우리 교회가 속죄의 제물이, 속죄의 공양처럼 되어주어야만 이 사회가 안정을 기하고 번영을 기할 수 있다면 기꺼이 교회를 대표해서 저라도 되어주겠습니다." 이때 정의구현사제단이 특히 심하게 당했지만 천주교회 전체가 정말 굉장한 공격을 당했다. 어마어마한 언론 폭격이었다.

— 부산 미국 문화원 방화 사건이 큰 파장을 불러일으킨 이유는 무엇인가. 미국 문화원 방화 사건 자체는 부산에서 일어나기 2년 전에 이미 광주에서도 발생하지 않았나.

부산 미국 문화원 방화 사건은 파장이 컸다. 이 사건 관련자들이 대부분 보수적인 고신대 학생들이었다는 점도 눈에 띄었지만,

특히 이 사람들이 이렇게 '부미방' 사건을 일으킨 건 광주 때문이었고 그와 함께 미국의 책임을 묻는다는 걸 명백하게 들고나왔다는 점이 커다란 파장을 몰고 왔다.

광주항쟁, 광주 유혈 사태와 관련해서 1980년 12월에 가톨릭 농민회원 정순철이 불을 질러 비디오실 20평 정도를 태운 광주 미국 문화원 방화 사건이 있었지만, 그때는 당국이 오히려 쉬쉬하고 덮어버렸다. 그게 세상에 알려지면 자기들한테 좋을 것 같지 않으니까 그렇게 처리한 것이다. 그런데 '부미방' 사건은 워낙 큰 사건이었을 뿐만 아니라, 학생들을 때려잡는 데나 천주교의 신군부 비판 세력을 약화시키는 데 아주 중요하게 활용할 수 있었기 때문에 김현장을 주범으로 앞에 내세우고 최기식 신부까지 구속하면서 그렇게 했던 것이다.

문부식의 항소 이유서에는 이렇게 쓰여 있다. "주인을 지켜야 할 개가", 여기서 주인은 국민이나 시민을 가리키는데, "되려 주인을 문다면 그 개가 미친개라고 생각합니다. 그렇다면 우리나라 군부가 이 미친개와 무엇이 다른지 저는 묻고 싶습니다. 저는 광주사태에 대한 소식을 들으며 가슴이 찢어질 것 같은 아픔을 느끼면서 눈물을 흘렸던 기억이 아직도 생생하며 한 시대를 살아가는 그리스도교 신앙인으로서 너무나 커다란 비애를 느꼈습니다."

그런데 '부미방' 사건 관련자들은 '특히 미국이 광주사태에서 얼마나 나쁜 짓을 했느냐. 미국이 광주 학살이라는 비극이 일어나도록 한 것이 아니냐', 그렇게 사고하고 있었다. 그건 광주 미국 문화원에 방화한 사람들도 그랬고, 다른 많은 학생들도 그런 생각을 갖고 있었다.

그렇게 된 데에는 광주에 출동해 만행을 저지른 계엄군의 광주 이동을 승인한 총책임자가 주한 미군 사령관이고 미국이 전두환·신군부의 만행을 지지, 지원하고 조장한 것이 아니냐, 이렇게 인식하고 있었던 점도 영향을 줬다. 상당히 많은 사람이 그런 생각을 했는데, 계엄군의 광주 이동의 경우 엄격하게 따지면 정확한 인식이라고 보기는 어려운 점이 있다.

광주 학살과 미국의 책임 문제, 그리고
20사단 투입을 둘러싼 이유 있는 오해

— 작전권을 한국군이 아니라 미군이 갖고 있던 상황이었기 때문에 많은 사람이 그렇게 생각한 게 사실이다. 그런데 어떤 부분을 잘못 인식했다는 것인가.

광주항쟁 당시 전두환·신군부는 7공수, 11공수, 3공수 부대와 보병 제20사단을 광주에 보냈다. 이 가운데 공수 부대는 주한 미군 사령관과 분리돼 있는, 한국 정부가 독자적으로 지휘할 수 있는 부대였다. 미국의 직접적인 책임 문제와 관련해 주로 문제가 된 게 20사단인데, 계엄사는 1980년 5월 20일 밤 공수 부대에 이어서 20사단도 광주에 투입하기로 결정했다. 20사단은 5월 21일 아침 광주에 도착하는데, 그다음 날(22일) 주한 미군 사령부가 그것에 '동의'했다. 이 부분 때문에도 광주 학살과 관련해 주한 미군과 미국의 책임을 묻게 된다.

사실 광주 학살과 같은 엄청난 사태가 일어났는데도 미국은 유혈 사태를 전혀 제지하려 하지 않았다. 학살을 막기 위한 노력을 한 적이 없다. '양쪽이 한 발짝 물러나 자제하면서 잘 처리해야 한다', 이런 정도의 태도를 취한 걸 빼놓고는 오히려 계엄군 쪽 입장에 서 있었다.

많은 한국인들은 20사단의 광주 이동, 이건 주한 미군 사령관의 권한 아래 있다고 생각했다. 그렇지만 그게 그렇지는 않았다. 광주항쟁 당시 주한 미국 대사였던 글라이스틴 책을 보면 상당히 놀라운 얘기가 들어 있다. 뭐냐 하면 위컴 주한 미군 사령관도 그렇고 글라이스틴 대사 자신도 그렇고 또 미국 국무부나 국방부도 그랬다는 것인데, 한국 쪽의 20사단 광주 투입 요청을 자신들이 승인 혹은 동의한 것으로 생각했다는 것이다. 그런데 1986년에 미국 국방부 변호사들이 '그건 틀렸다. 한국군 쪽에서 주한 미군 사령부에 통보만 하면 되는 사항이다'라고 얘기했다고 한다. 1970년대 후반에 그렇게 하면 되는 것으로 만들어놓았다는 얘기다.

그런데 그런 세부 사항을 심지어 위컴 사령관도 몰랐던 것으로 나와 있다. 미국 국무부, 국방부도 잊고 있었고 글라이스틴 대사도 그랬다는 것이다. 그리고 뉴욕타임스도 1980년 5월 미국이 한국군을 광주에 출동시켰다며 이 시기에 미국 정부를 강하게 비난했는데, 여기서도 미국이 승인했다고 썼다.•

상황이 이러했으니 한국 사람들은 얼마나 더 그렇게 생각했고 또 학생들은 얼마나 더 그렇게 생각할 수밖에 없었겠느냐, 이 말이다. 한 가지 덧붙이면, 내가 아까 동의라는 표현을 썼는데 그 동의

• 1982년 7월 6일 뉴욕타임스는 사설에서 '부미방' 사건을 거론하면서 이렇게 썼다. "(1980년 5월) 위컴 장군은 그의 지휘 아래에 있는 한국 군대를 광주 작전을 위해 출동시켰고, 미국 대사관은 사태 중재를 요청하는 반체제 인사들의 말을 거절했으며, 그 이후 미국은 전두환 대통령을 지지해왔다."

는 찬성한다는 뜻으로 보면 된다.

── 작전권이 미군 손에 있는 상황에서 어떻게 미군의 승인 없이
　　20사단을 투입할 수 있게 된 것인가.

　　그러니까 애초부터 허가를 받을 필요가 없는 사안이었던 것이
다. 20사단 이동은 통보 사항이고 주한 미군 사령부 쪽에서는 '이렇
게 해줬으면 좋겠다'고 보완 조치를 취할 수 있다고 돼 있다.

　　20사단은 특수 부대다. 다른 부대, 예컨대 12·12쿠데타 때 서
울에 들어온 9사단, 노태우가 사단장이던 그 부대와는 성격이 다
르다. 20사단은 소요 진압 부대다. 공수 부대에 준하는 면이 있다.
본래 양평에 있었는데, 5·17쿠데타를 앞둔 1980년 5월 15일 전두
환·신군부가 20사단의 2개 연대를 서울로 이동시켰다. 그걸 광주
에 투입한 건데, 20사단은 주로 진압하는 부대로 공수 부대와 비슷
한 면이 있었다. 그래서 20사단을 미군의 통제에서 빼낸 것이다.

　　20사단 이동은 미국의 허가를 받을 필요가 없고 그쪽에 통보
만 하면 된다는 게 법적으로는 맞는 게 확실하다. 그런데 그때는 누
구도 그렇게 생각할 수 없었다. 그렇게 생각하도록 돼 있지를 않았
다. 한국과 미국의 관계를 볼 때도 그랬고, 또 20사단이 어떤 부대
인가를 한국인들이 잘 모르고 있었다.

"미 문화원 방화로 군부 정권 고발하고 싶었다"
반미 자주화 상징으로 자리 잡은 '부미방'

── 부산 미국 문화원 방화 사건 관계자들에 대한 조사 및 재판 과
　　정은 어떠했나.

'부미방' 관계자들뿐만 아니라 많은 학생들이 미국에 대한 분
노, 강한 비판 의식을 갖게 된 데에는 광주 학살과 관련된 문제뿐만
아니라 그동안 쭉 살펴본 것처럼 전두환·신군부 정권이 성립하는
과정에서 미국이 한 역할이 지대하게 작용했다. 무엇보다 레이건이

● 광주항쟁 진상 규명 움직임이 활발하던 1988년 이 문제는 국회에서도 논란이 됐다. 그해
7월 5일 대정부 질문에서 이에 관한 질의를 받았을 때 오자복 국방부 장관은 다음과 같
이 답변했다. "당시 광주에 투입, 운용되었던 부대는 3개 공수 특전 여단(7, 11, 3여단)과
보병 제20사단이었다. 1978년 7월 28일 한미군사위원회의 전략 지시 1호에 의하면 특
전사 예하 3개 공수 특전 여단은 평시 한미 연합사의 작전 통제 부대가 아니며 20사단은
1979년 10·26사태 시에 이미 연합사로부터 작전 통치권을 인수하여 이들 부대에 대한
작전 지휘권은 전적으로 한국군에 귀속(됐다)."

돈 오버도퍼는 이 문제에 대해 《두 개의 한국》에 이렇게 썼다. "(1980년 5월 한국군 당국
은) 광주를 재탈환하기 위해 20사단을 광주에 파병하기 전 위컴에게 이를 승인해달라고
요청했다. 그러나 당시 이 20사단은 이미 미군의 작전 통제권에서 벗어나 있었으므로 그
런 승인은 불필요한 것이었다. 워싱턴 정부의 의사를 타진한 다음 위컴과 글라이스틴은
미군의 통제 하에 놓였던 적이 없는 잔혹한 공수 부대를 파견하느니 20사단을 파견하는
것이 보다 바람직하다는 결론을 내렸다. 전두환의 정치 선전 기구들은 이 사실을 십분
활용해 미국이 광주항쟁의 무력 진압을 지지했다고 선전했다." 광주 학살과 무관하다는
태도를 미국이 취해왔다는 점을 감안하고 읽을 필요가 있긴 하지만, 당시 상황을 조망하
기 위해 살펴볼 만한 대목이다.

이 문제와 관련해 박정희 세력이 1961년 5·16쿠데타 직후부터 미군의 통제를 받지 않는
부대를 확보하려 했으며 그것을 정권 안보와 직결된 문제로 파악하고 있었다는 점도 생
각할 필요가 있다. 대표적인 사례가 쿠데타 직후인 1961년 6월 1일 수도방위사령부(수
방사)를 창설한 것이다. 당시 5·16쿠데타 세력은 서울을 확고하게 방어할 부대를 갖추지
못했던 제2공화국을 무너뜨린 후 자신들을 보호할 새로운 부대를 만들려 했다. 그와 달
리 미군은 쿠데타 세력이 자의적으로 군대를 동원해 자신들의 작전권을 침해했다고 보
고 있었다. 쿠데타 세력은 그러한 미군과 협상해 미군의 작전권 회복에 동의하고, 그 대
가로 미군의 작전권에 포함되지 않는 부대인 수방사 창설을 얻어냈다.

1982년 8월 2일 자
경향신문에 실린 김현장,
문부식, 최기식 신부.

대통령 취임 후 첫 번째로 부른 사람이 전두환 아니었나. 그런 걸 보면서 학생들이 느낀 분노가 얼마나 컸겠나. 거기에다가 위컴이, 광주에 군대를 파견한 걸 승인한 사람으로 알려져 있었던 바로 그 위컴이 한국인을 쥐에 비유하면서 모욕하지 않았나. 그런 것들이 작용하면서 아주 강렬한 반미 의식을 학생들이 갖게 된다.

'부미방' 관련자들은 모진 고문을 받았다. 그 이전에 심한 고문을 받은 학생들이 있었으나, 학생 운동으로 잡혀간 학생들은 아주 심한 고문을 받지는 않았다. 여학생들은 상대적으로 약한 고문을 받았다. 그렇지만 '부미방'은 달랐다. 여학생들도 지독한 고문에 시달려야 했다. 김은숙과 김지희, 두 사례만 법정 진술을 들어보자.

"누군가가 '이년이 제일 지독해' 하며 옷을 벗기라고 하니 7, 8명의 남자가 둘러싸고 옷을 벗기려 달려들기에 스스로 벗었다. 팬티 하나만을 입고 있으라 했다. 그리고는 눈을 가리고 손발을 묶고 욕조에 물을 틀면서 그 물속에 머리를 넣었다 뺐다 하며 실신하면 다시 꺼내 깨어나면 다시 물속에 담그기를 여러 번 되풀이했다."(김은숙)

"(팬티만 입히고) 사회주의자라고 말하지 않자 물로 가득 채워진 욕탕 안으로 사정없이 머리를 처박았습니다. 거푸 물을 들이마시고 정신이 희미해져 오며, 더 이상 숨을 못 쉬며 죽을 즈음에 얼굴을 잠깐 끄집어내곤 시인하지 않으면 다시 얼굴을 처넣었습니다. 이렇게 4~5회 계속하면 실신해버립니다. 그날 새벽에도 물고문을 많이 받았기 때문에 겁이 나 도저히 더 이상 부인할 힘이 없었습니다. 공산주의자라도 좋았습니다."(김지희)

문부식, 김은숙, 이미옥, 최인순, 김지희 등 학생들은 장덕술의 죽음에 대해서는 큰 죄책감을 느꼈다. 최후 진술에서 김지희는 이렇게 말했다. "민주와 자유를 억압하는 세력을 향해 우리는 불을 질렀다. 그 결과 소중한 인간의 목숨을 빼앗아 속죄한다. 민주여, 자유여, 어서 오라! (울음) 다시는 이런 비극을 불러오는 일이 없어야겠다." 김지희는 최후 진술 모두에서 울음 섞인 목소리로 4·19 기념탑에 새겨진 헌시 "해마다 4월이 오면 접동새 울음 속에 …… (울음) / 그들의 피 묻은 혼의 하소연이 들릴 것이요 …… (울음) / 해마다 4월이 오면 봄을 선구하는 진달래처럼 / 민족의 꽃들은 사람들의 가슴마다에 되살아 피어나리라"를 읊어 방청석에 있던 많은 사람을 울렸다.

'부미방' 사건 관련자들은 굉장한 중죄인처럼 다뤄졌는데도 아주 의연한 모습을 보였다. 스무 살 안팎의 앳된 학생들은 고문으로 몸은 짓이겨졌지만 남녀 학생 구별 없이 자신의 신념과 소견을 분명하고 당당하게 말했다. 왜 미국 문화원에 불을 질렀으며 자신들의 행위가 왜 정당한가를 서슴지 않고 얘기했다. 그런 면에서도 1980년대 학생 운동의 중요한 특징을 보여줬다.

《불타는 미국》이라는 강렬한 제목이 붙은 김은숙의 책에는 이렇게 나와 있다. "나는 미 문화원 방화를 통해 광주사태로 죽어간 사람들의 이름을 빌려 전두환 군부 정권을 고발하고 싶었다. 전두환을 위해 기도했다고 하는 종교인과 지식인 역할을 못한 지식인들을 이 자리에서 재판부에 고발하고 싶다." 김은숙이 법정에서 이렇게 얘기하자 법정 뒤편에 앉아 있던 어머니가 "은숙아, 그런 얘기는 제발 하지 마!"라고 울부짖으면서 법정 밖으로 나가 사람들의 가슴을 찡하게 했다. 딸이 하는 말이 무서워서 차마 더 들을 수가 없었던 것이다.

전두환·신군부가 TV 등 언론 매체를 통해 학생들과 천주교를 색깔로 매도한 만큼 재판정에는 신부, 수녀들이 많이 왔다. 윤공희 대주교, 지학순 주교, 이갑수 주교도 방청했다. 법정에서 쟁점은 김현장이 과연 방화 사건과 관련이 있느냐, 최기식 신부의 행위가 범인 은닉죄가 될 수 있느냐 하는 것이었다. 재판이 진행되고 공소 사실의 거짓이 밝혀지기 시작하면서 기관원들의 방청이 부쩍 늘었다.

1심에서 김현장과 문부식은 사형 선고를, 김은숙과 이미옥은 무기 징역을 받았다. 나머지 학생들도 중형을 받았다. 2심에서 두 사람은 여전히 사형 선고를 받았고 두 여학생은 징역 10년으로 감형됐다. 최종심에 가서 김현장과 문부식은 감형됐다.

─── 부산 미국 문화원 방화 사건은 그 후 어떤 영향을 끼쳤나.

부산 미국 문화원 방화 사건 다음 달인 4월 22일 강원대에서 반미 시위가 일어났다. 학생들은 교내에서 성조기를 불사르면서 시위를 벌였다. 반미 시위라는 점뿐만 아니라 학생들이 "양키 고 홈"이라는 구호를 외친 점도 사회에 큰 파장을 불러일으켰다.

'부미방' 사건은 1980년대 민주화 운동 가운데 하나의 큰 물결을 이룬 반미 자주화 운동에서 뚜렷한 위치를 차지하고 있다. 1987

년 6월항쟁 당시 학생들한테 가장 영향력이 있었던 단체가 자민투 (반미 자주화 반파쇼 민주화 투쟁위원회) 쪽인데 자민투 계열은 '반제 민 중 민주주의 혁명론'을 주장했다. 이것이 1986년에 '민족 해방 민 중 민주주의 혁명론'으로 알려지는데, 이 계열이 부산 미국 문화원 방화 사건 4주년을 맞는 1986년 3월 18일 서울대에서 학생들 앞에 모습을 보였다. 그러면서 '반전 반핵 평화 옹호 투쟁위원회'를 발 족했다. 이날 학생들은 쏟아지는 빗속에서 "반전 반핵 양키 고 홈", "민족 생존 위협하는 핵 기지를 철수하라" 등의 구호를 외쳤다.

그 당시에는 너무나 충격적인 구호였다. 여당, 권력 쪽은 말 할 것도 없었겠지만 야당, 언론에도 대단히 충격적이었다. 이쪽이 조금 있으면 자민투를 발족하면서 6월항쟁 시기에 학생 운동을 주 도하게 된다. 이 학생들의 첫 번째 중요한 모임이 바로 3월 18일에 열렸다는 것은 '부미방'이 이들에게 어떤 위치에 있었는가를 보여 준다.

● 북한 핵이 주요 이슈로 부각된 오늘날과 달리 이 시기에는 북한이 아니라 남한에 핵무 기가 배치돼 있었다. 미국은 1958년부터 1991년까지 남한 곳곳에 핵무기를 배치했다. 이와 관련, 2005년 최성 의원은 미국 국무부와 국방부 자료를 검토한 결과를 바탕으로 1958~1991년에 주한 미군 기지 16곳에 핵무기가 배치됐다고 밝혔다. 미국이 핵무기를 철수한 직후인 1991년 12월 31일 남북한은 한반도 비핵화 공동 선언을 발표했다. 그러나 그 후 북핵 문제가 불거지고 제네바 합의(1994년)가 제대로 이행되지 않으면서 결국 오 늘날과 같은 상황에 이르게 된다.

시위 막으려 강제 징집, 녹화 사업 강행
눈물바다 만든 이산가족 찾기 생방송

전두환과 5공 잔혹사, 여덟 번째 마당

전두환·신군부 강제 징집,
박정희 정권 때보다 더 독했다

김 덕 련 전두환·신군부는 학생 운동을 억누르기 위해 여러 조치를 취했다. 학생들을 군대에 강제로 끌고 가서 몹쓸 짓을 한 것도 그중 하나다. 강제 징집은 박정희 정권 때에도 있었는데 그때와 비교하면 상황이 어떠했나.

서 중 석 학생 운동은 '부미방' 사건이 일어났던 1982년 1학기에도 계속됐고, 그해 2학기에도 거세게 일어났다. 그러면서 전두환·신군부가 강제 징집과 녹화 사업이라는 또 하나의 인권 유린 사태를 일으켰다.

강제 징집은 1960~1970년대에도 있었다. 특히 1971년에는 보안사에서 ASP~Anti-Student Power~ 딱지, 이걸 아스피린 딱지라고도 불렀는데, 그걸 붙여가지고 학생 운동에서 주도적인 위치에 있던, 1971년 위수령 때 제적당했던 학생 100여 명을 끌어다가 일선 소총 부대에 배치했다. 이처럼 박정희 정권 때에도 병역 의무를 악용한 강제 징집이 없었던 건 아니지만, 전두환·신군부가 추진한 강제 징집에는 그것하고 차이가 나는 면이 있었다.

―― 어떤 면에서 그러했나.

전두환·신군부는 1980년 9월부터 1984년 11월까지 계속 강제 징집을 실시했다. 일회적인 게 아니었다는 말이다. 제적, 정학 및 휴학 등에 의해 강제로 학적이 변동된 학생을 병역법이 정한 소정의 절차를 거치지 않고 당사자 의견과 무관하게 군대로 끌고 갔다. 전두환 정권 때 강제 징집은 그 이전보다 훨씬 더 조직적으로 전개됐다. 그런 점에서 그전과 차이가 있다. 그뿐 아니라 녹화 사업이라는 아주 지독한 짓까지 하지 않았나.

전두환·신군부는 이승만 정권을 무너뜨린 것도, 박정희 유신 체제를 붕괴시킨 것도 모두 학생 운동이라는 것을 잘 알고 있었다. 전두환·신군부가 학생 운동을 얼마나 두려워했는가는 국보위 문공분과 위원장(오자복, 소장) 주관으로 '학원 정상화 방안'을 논의할 때 나온 요지에서 잘 드러난다. "현 시점에 학원 안정이 절대적으로 필요하다. 지금까지 모든 소요 및 혼란의 근원은 학원이었다. 학원 소요는 북괴의 위협보다 더 큰 위협이다. 안정의 필요성은 절대적이다."

박정희도 그랬지만 군인들은 '뿌리 뽑는다', '근절한다'는 말을 좋아한다. 전두환은 1980년 8월 전국 대학 총·학장 오찬 모임에서 "학원 소요는 우리 사회의 현실 질서를 부정하고 파괴하는 사태로까지 확대되고 말았습니다. 앞으로 어떤 상황에서도 학원 내외의 소요 사태는 일체 용납하지 않을 것이며, 이 기회에 가두 악습은 다소의 희생을 감수하고서라도 근절시키고 말 것입니다"라고 얘기했다. 그러면서 나온 것이 강제 징집이고 녹화 사업이었다.

보안사 대령들을 중심으로 한 신군부는 박정희 권력이 왜 망했는가를 나름대로 면밀히 검토했다. 그래서 나온 것이 언론 정책이었고 노동 정책이었다. 박정희는 유신 체제를 지키기 위해 혼자 고군분투했지만, 신군부는 대령들을 중심으로 여러 사람이 머리를 짜냈다. 전두환·신군부는 무소불위의 권력을 휘둘러 언론이나 야당을 꽉 잡아놓았다고 봤는데, 학원에 대해서도 강제 징집, 녹화 사업이라는 방안을 짜낸 것이다. 특히 녹화 사업은 보안사 장교들이 아니면 내놓기 힘든 비인도적 학원 대책이었다.

국방부 과거사위 보고서를 중심으로 이 문제를 살펴보자. 전두환·신군부는 강제 징집을 시작하고 나서 1년여가 지난 1981년 12월 소요 관련 대학생 특별 조치 방침이라는 걸 만들었다. 그러면서 시위 현장에서 검거하면 바로 경찰서에서 학생을 군부대로 직접 인계하는 강제 징집을 제도화했다.

강제 징집과 짝을 이루는 것이 1982년 8월에 나온 대학생 사상 대책이라는 문건이다. 여기서는 "기존 의식분자에 대한 사상 전향 대책을 마련, 시행해야 한다"면서 사상경찰 및 특별 공안반을 설치해야 한다는 주장까지 했다. 일제의 특별고등경찰까지 생각나게 하는 것인데 그러면서 제적과 입대, 소위 의식분자의 사후 관리, 그리고 공산주의자의 전향 기법까지 얘기했다. 의식분자의 사후 관리와 공산주의자의 전향 기법 실시, 이런 것들은 바로 녹화 사업으로 연결될 수 있었다.

강제 징집 경로는 수사 기관이 군부대로 바로 넘기는 것 이외에도 몇 가지 더 있었다. 검찰에서 석방되거나 재판을 받은 직후 강제 징집되기도 했고, 무림 사건 같은 공안 사건에 휘말린 사람들이 집단적으로 강제 징집되는 경우도 있었다. 또 하나의 경로는 지도 휴학제를 활용하는 방식이었다. 지도 휴학제는 당사자의 뜻과 상관없이 대학 총장이 휴학을 명령할 수 있게 한 제도로 1979년 10·26 직전 유신 정권의 방침에 따라 도입됐다. 전두환·신군부가 권력을 움켜쥔 후 눈엣가시로 찍힌 일부 학생들을 지도 휴학 대상으로 지목한 다음 강제 징집하는 일이 곳곳에서 일어났다.

그런 식으로 마구잡이 강제 징집을 실시했기 때문에 현역 입영 대상이 아닌데도 하루아침에 군대에 끌려가는 일도 생겼다. 예컨대 한쪽 눈의 시력이 없어도, 소아마비 장애가 있어도 끌려갔다. 녹화 사업 과정에서 희생된 이윤성, 정성희도 현역 입영 대상자가 아니었다. 또한 입사 원서를 접수하러 가다가 시위 참가자로 오인돼 끌려가는 등 학생 운동과 무관하게 강제 징집된 사례도 있었다.

프락치 강요한 녹화 사업으로
몸도, 마음도 죽어간 젊은이들

—— 녹화 사업은 얼핏 들으면 산림녹화를 떠올리게도 하지만 실제로는 그것과 전혀 상관없는 일이었다. 녹화 사업에 휘말린 사람, 어느 정도 되나.

보안사는 강제 징집자 및 정상 입대자 중 학생 운동 전력이 있는 사람들을 대상으로 1982년 9월부터 1984년 12월까지 소위 순화 업무라는 걸 진행했다. 순화 업무라는 건 '좌경 오염 방지'라는 명목 아래 학생 운동 활동 사항과 조직 체계 등을 조사하고 대상자의 생각과 이념을 바꾸도록 하는 걸 가리킨다. 그리고 순화된 것으로 판단되는 병사들에게 출신 대학교의 학원 첩보를 수집해오도록 요구했다. 이른바 프락치 활동을 강요한 것이다. 이걸 녹화 사업이라고 부른다.

전두환·신군부에 의해 강제 징집을 당하거나 녹화 사업을 받은 사람들이 얼마나 됐느냐. 강제 징집된 학생은 1,152명, 녹화 사업을 당한 사람은 1,192명인 것으로 나와 있다.[*] 녹화 사업 대상자 1,192명 중 921명은 강제 징집된 사람들이었고 나머지 271명은 정상 입대자 및 민간인이었다. 강제 징집을 가장 많이 당한 학교는 서울대(254명)였고 고려대, 성균관대가 그 뒤를 이었다. 녹화 사업 대

---

[*] 녹화 사업 등의 진상을 밝히라는 목소리가 높아지자 1988년 정부는 강제 징집 447명, 녹화 사업 265명이라고 발표했다. 그러나 이것은 축소된 숫자였고, 실제로는 그것보다 훨씬 많았다는 게 2000년대에 들어와서 드러난다.

상자도 서울대가 제일 많았다. 강제 징집 상황을 연도별로 살펴보면 1983년에 461명으로 가장 많았고 1981년과 1982년에도 각각 230명, 371명에 달했다.

— 녹화 사업 대상자들은 어떤 일을 겪어야 했나.

강제 징집된 학생들은 안보 현실 체험이라는 명목으로 적성, 특기와 상관없이 최전방에 배치됐다. 강제 징집도 당사자들에게는 고통스러운 일이었지만, 특히 녹화 사업 대상자들은 아주 모진 일을 겪어야 했다. 보안사는 이 사람들한테 자신이 과거에 한 활동은 말할 것도 없고 주변 선후배들의 활동 사항까지 다 불라고 강요했다. 그 과정에서 구타를 비롯한 가혹 행위도 당해야 했다. 그리고 무엇보다도 프락치 활동을 강요당한 사람들, 다시 말해 친구, 동료, 선후배를 배신하고 염탐해 보고하라고 강요당한 이 사람들의 심정이 어땠겠나. 국방부 과거사위원회에서 조사한 것 중 두 사례만 들자.

"폭력 앞에서 비겁해지는 나약한 자신의 모습에 지금까지의 모든 자신감과 인간에 대한 신뢰 등의 감정이 거의 사라져버리고, 자괴감만 증폭됨. 소위 동료에 대한 미안함과 죄스러움 때문에 모든 모임을 회피하게 됨. 사교 생활이 왜곡됨."(1981년 3월 강제 징집된 강원대 학생)

"국가에 의해 가해지는 폭력을 감내하면서 자기의 양심과는 어긋난 행동을 강요받기 때문에 그 피해는 상상 이상임. 오죽하면 내 인생에서 지우고 싶은 시절이 되겠습니까? 그리고 제대 후 대학에 복학한 이후에도, 사회생활을 하는 지금도 절대로 군대 이야기

를 하지 않음." (1981년 4월 강제 징집된 조선대 학생)

이들의 진술대로 녹화 사업 대상자들은 심한 자괴감에 시달릴 수밖에 없었다. 이것에 대해 국방부 과거사위는 "당사자에게 동료들을 배신해야 한다는 정신적 폐해를 초래했고 죽음까지 생각하게 만든 중대한 위법 행위"라고 밝혔다.

상황이 그랬기 때문에 녹화 사업과 관련해 의문사가 많이 생겼다. 이윤성, 정성희, 최온순, 한영현, 한희철, 김두황, 녹화 사업 대상자였던 이 6명의 병사가 1980년대 초에 의문의 죽음을 맞이했다. 군 당국은 자살이라고 발표했지만, 그걸 유가족들이 어떻게 받아들일 수 있었겠나. 그래서 나중에 이 부분은 여러 차례 문제가 되고 상세한 조사가 이뤄지게 된다.

강제 징집과 녹화 사업의 폐해는 피해 당사자들이 군복을 벗은 후에도 사라지지 않았다. 국방부 과거사위 보고서를 보면 '강제 징집, 녹화 사업 과정에서 받은 가장 큰 피해는 무엇이냐'는 물음을 담은 질문지를 돌려 답변을 받은 내용이 나온다. 75명이 답했는데 인간적 모멸감, 정신적 황폐, 수치심과 자괴감, 굴욕감과 강박 관념 등의 정신적 고통이라고 답한 의견이 56명으로 가장 많았다. 답변자 대부분은 이러한 정신적 고통으로 피해망상 및 대인 기피증, 인간관계 기피 현상 등으로 사회생활에 지장이 많다고 증언했다.

안타까운 죽음에 더해 녹화 사업 희생자가 사후 누명까지 써야 하는 일도 있었다. 예컨대 이윤성의 경우 군 당국은 '월북을 기도했고 불온 전단을 소지해 조사를 받던 중 자살했다'고 밝혔다. 빨갱이로 몰아붙이는 당국의 서슬이 무서워 유가족은 곡소리도 내지 못했다고 한다. 그렇지만 의문사진상규명위원회 조사에서 이윤성이 불온 전단을 소지하고 있었다는 혐의는 조작된 것이며 조사 과정에서 가혹 행위를 당하는 모습을 봤다는 진술이 나왔다.

녹화 사업 대상자였던 이윤성, 정성희, 최온순, 한영현, 한희철, 김두황이 1980년대 초 의문의 죽음을 맞이하자 1984년 한국기독학생회총연맹 등 5개 단체가 참여해 낸 문건.
사진 출처: 오픈아카이브

이 땅에 억울한 죽음이 결코 있어서는 안됩니다

—— 녹화 사업, 언제까지 계속됐나.

1984년에 들어오면서 강제 징집, 녹화 사업이 사회적 문제로 제기됐다. 1983년 12월 전두환 정권의 복교 조치 이후 각 대학에 복학대책위원회(복대위)가 결성됐다. 복대위는 바로 강제 징집, 녹화 사업을 문제 삼았다. 이들은 제적생 총회나 공청회 등에서 강제 징집 실태, 군에서 받은 비인간적 취급, 정보 제공 강요, 관제 프락치 공작 등을 성토했다. 의문의 죽음을 당한 학생들의 사인 진상 규명도 요구했다.

1984년 2월 기독교회관 2층에서 한국기독교학생총연맹과 한국기독교청년협의회가 공동 주최한 '진정한 복교를 위한 공개 간담회'에 참석한 학생들은 경찰의 봉쇄로 간담회가 무산되자 강제 징집 철폐와 이윤성, 한희철, 한영현 등의 사인 규명을 요구하면서 철야 농성을 벌였다. 1984년 3월에는 한국기독교학생총연맹 등 5개의 개신교·천주교·청년·학생 단체가 〈강제 징집 문제 공동 조사 보고서〉를 냈다. 같은 달 국회에서는 '강제 징집의 법적 근거와 녹화 사업의 진상, 학원 시위 관련 입영자 중 6명의 사망 경위를 밝히라'는 요구가 제기됐다. 이해에는 재야도 활성화되고 있었는데 재야 단체들도 신성한 국방의 의무를 악용하는 강제 징집, 지도 휴학제 등을 폐지할 것과 사망자 6명의 사인 규명을 요구했다.

병역 의무를 학생 운동 탄압 수단으로 악용하고 있다는 비난이 각계에서 높아지자 전두환 정권은 그해 11월 강제 징집과 녹화 사업을 폐지했다. 그다음 해에 총선이 예정돼 있었다는 점도 영향을 줬을 것이다.

전국을 눈물바다로 만든
이산가족 찾기 특별 생방송

── 강제 징집과 녹화 사업에서 빼놓을 수 없는 것이 전두환의 역할이다. 국방부 과거사위는 전두환이 강제 징집과 녹화 사업을 지시, 승인했음을 관련 문서를 통해 확인했다고 밝혔다. 이에 따르면 전두환은 1981년 4월 2일 "소요 관련 학생들을 전방 부대에 입영 조치하라"고 주영복 국방부 장관에게 지시했다. 또한 보안사 관계자들은 녹화 사업 진행 과정에서 청와대에 정기적으로 보고했다고 진술했다. 1983년 12월 전두환이 서명한

헤어진 가족을 찾고 있는 이산가족.
사진 출처: e영상역사관

'1984년도 학원 종합 대책' 문서에도 녹화 사업 추진 실적이 포함돼 있었다.

녹화 사업 탄생 과정에서도 전두환은 중요한 역할을 했다. 이에 대해 보안사 대공처장이었던 최경조는 2001년 12월 의문사진상규명위원회에서 이렇게 증언했다. "(19)82년 청와대에서 보안사 간부들 만찬을 할 때 전(두환) 대통령이 (운동권 입대자들이 불온 낙서를 쓰고 있다는) 군내 상황을 듣다가 '야, 최경조, 너 인마 뭐하는 거야'라며 혼을 내는 말을 듣고 보안사가 정화를 시켜야겠다는 생각에서 교육 계획을 세웠다." 전두환의 질책을 받고 녹화 사업을 구상하기 시작했다는 얘기다.

아울러 공식적으로는 1984년 말 녹화 사업을 끝낸 것으로 돼 있지만, 학생 운동을 한 사람들에게 프락치 활동을 강요하며 민간인을 사찰한 못된 짓은 그 후에도 계속됐다. 1990년 보안사 이병 윤석양의 양심선언을 통해서도 그 점은 분명하게 드러났다.

── 이제 다른 사안을 짚었으면 한다. 전두환 집권기에 있었던 중요한 일 중 하나가 이산가족 찾기다. 당시 그 열기, 어느 정도였나.

1980년대에 들어와서는 남북 관계도 변화를 보였다. 1980년 10월 북한은 고려민주연방공화국 창립 방안이라는 걸 제기했다. 하나의 민족, 하나의 국가, 두 개의 제도, 두 개의 정부 구상이었다. 장군 멍군 하듯이 전두환 정권은 1981년 1월 남북 정상 회담을 제의했다. 이어서 이듬해(1982년) 1월에는 민족 화합 민주 통일 방안을 제시했다.

그런 속에서 1983년 6월 30일에 KBS에서 이산가족 찾기 방송이 시작됐다. 이건 남북 관계와 직접 연결된 건 아니었지만, 이산가족 상봉이라는 점에서 분단 문제와 직결돼 있었다. 이산가족은 월남한 사람들과 북한 주민들의 관계에서도 나타나지만, 주로 한국전쟁이 일어난 후 피란이나 월남 과정에서 자식이 부모와 떨어지게 되면서 이산가족이 생긴, 이걸 남남 이산가족이라고 부를 수도 있는데, 그런 경우도 많았다. 영화 〈의사 지바고〉를 보면 여주인공 라라가 시베리아의 전쟁터에서 딸의 손을 놓침으로써 이산가족이 되는 장면이 나오는데, 그것과 비슷하게 생각하면 된다. 이산가족 상봉은 강준만 교수 책이 상세하다.

1983년 6월 30일 밤 10시 15분부터 KBS 1TV에서 〈이산가족을 찾습니다〉라는 특별 생방송을 내보냈다. 원래 프로그램을 기획할 때에는 이산가족 150명을 초청하기로 돼 있었는데, 방청석에 무려 1,000명이 넘는 이산가족이 몰려왔다. 그리고 방송 도중에 방송사 업무가 마비될 정도로 전화가 폭주하는 상황에 이르렀다. 그러면서 예정 시간을 두 시간이나 넘겨서 그다음 날 새벽 3시까지 생방송을 했다. 4시간 15분 동안 진행된 이날 방송에 총 850가족이 출연해서 36가족이 상봉했다.

국민들의 폭발적인 반응은 이제 시작에 불과했다. 7월 1일 새벽부터 시민들이, 이산가족들일 텐데, KBS로 몰려왔는데 그 수가 1만여 명에 이르렀다. 엄청난 호응에 KBS는 너무나 놀랐고, 그래서 이날 바로 이산가족 찾기 추진 본부를 차렸다. 방송 이틀째인 7월 1일에는 그다음 날 새벽 5시까지 생방송을 했는데, 이건 아주 이례적인 일이었다. 요즘에는 그 시간대까지 방송하는 게 심심찮게 있는 일이지만, 그때는 이런 일을 찾아보기가 어려웠다. 7월 1일 이날은 전날보다도 훨씬 길게 8시간 45분 동안 생방송했다. 2일에는 14시간 동안이나 생방송했다. 이런 식으로 그해 11월 14일까지 138일에 걸쳐 453시간 45분 동안 이 방송을 내보냈다.

그야말로 세계에서 가장 긴 '이산가족 찾기 특별 생방송'이었다. 10만여 명이 신청해 5만 3,536명이 출연했고 1만 189명이 상봉했다. 전 국민의 53.9퍼센트가 이 방송을 시청했다고 답변했고 그중 88.8퍼센트가 방송을 보면서 눈물을 흘렸다고 한다. 당시 여의도 KBS 건물 담벼락 등에는 이산가족을 찾는 벽보가 수만 장 붙어 있었다. 그래서 당사자들뿐만 아니라 그걸 지켜보는 국민들도 애간장을 태웠다.

이산가족 찾기 방송이 이렇게 뜨거운 열기에 휩싸이자 7월 3일부터는 한때 뉴스도, 드라마도 빼고 종일 이산가족 찾기 방송을 내보내기도 했다. 이산가족들이 서로 확인하며 울부짖던 "맞다, 맞아"는 유행어가 됐다. 〈누가 이 사람을 모르시나요〉는 대단한 인기를 끌었다. 어릴 적 이름을 정확히 기억하지 못해 안타까워하다가 엉덩이에 있는 반점 하나로 혈육임을 알게 된 사람도 있었다. 피란 와중에 부모의 손을 놓쳐 고아가 된 뒤 식모살이를 하며 힘들게 살았던 한 부인이 "왜 나만 버렸냐"고 울부짖어 칠순이 넘은 어머니가 실신하는 사태도 벌어졌다. 방송을 진행하던 진행자마저 목이 메어 잠시 방송이 중단되기도 했다.

강준만 교수에 의하면 이 방송은 국제적으로도 화제가 됐다고 한다. AP, UPI, 로이터, AFP 등 통신사와 각국의 일간지, 방송사가 기사를 크게 내보냈고, 방송 열기가 더해감에 따라 특별히 취재반을 서울에 파견하기도 했다. 미국 ABC 방송은 인공위성을 통해 이

산가족 상봉 장면을 중계하기도 했다. 이산가족 찾기 특별 생방송
은 1983년 9월에 열린 세계 언론인 대회에서 1983년의 가장 인도
적인 프로그램으로 선정됐고, 1984년에는 세계평화협력회의에서
주는 '골드 머큐리 애드 오서램 상'을 받았다. 이 상은 방송 기관으
로는 처음 받은 것이었다.

이승만, 박정희 정권 때에는
왜 이산가족 찾기 방송이 없었을까

—— 세계 역사에서 찾아보기 힘든 방송이라는 생각이 든다. 그런데
　　왜 이 시기에 와서야 이런 일이 있게 된 것인가.

　　그때 나는 매일같이 KBS에 가서 수만 장의 벽보와 가족을 찾
는 사람들의 얼굴을 봤다. 점심때만 되면 여기 가서 돌아다니고 그
랬는데, 참 안타까운 일이었다.

　　왜 1980년대에 와서야 이런 일이 일어났느냐. 물론 컬러 TV가
널리 보급돼 이산가족 생방송이 실감나게 방영될 수 있었다는 점이
큰 역할을 했다. 그렇지만 1950~1970년대에 정부가 노력을 했느냐
하는 점도 따져 물을 필요가 있다.

　　전쟁 때 헤어졌다고들 하지만 대개 1950, 1951년에 아이를 잃
고 헤어진 건데, 1950년에 어린 자식이 부모를 잃었을 때 1980년대
에 와서 그것에 관한 기억을 제대로 한다는 것은 아주 어려울 수밖
에 없었다. 부모도 마찬가지다. 헤어진 후 오랜 시간이 지나지 않았
나. 30년 넘게 지난 시점이었기 때문에 잃어버린 자식이나 부모를

찾는다는 건 정말 힘든 일이었다. 이때쯤 되면 누가 누군지 기억도 잘 안 나기 마련이고 얼굴 모습도 많이 달라져 있을 수밖에 없는 것 아닌가.

그리고 사실 이때쯤 되면 자식과 부모가 각자 살아온 경로가 너무나 다르기 때문에도 어떤 자식들, 어떤 부모들은 임권택 감독의 영화 〈길소뜸〉의 마지막 장면처럼 서로 만나는 걸 두려워할 수도 있었다. 그 영화를 보면 1950년경 자식과 생이별한 부모가 수소문해서 자식이 있는 데를 힘들게 찾아가지만 그렇게 찾고 싶어 했던 자식을 외면하고 떠나지 않나. 부모 없이 자랐기 때문에 자식이 험하고 거칠게 커서 부모와 자식이 만나는 것은 갈등을 유발할 수 있었고, 화목한 가정을 꾸리기가 어렵다고 판단해 애써 찾은 자식을 외면한 것이다.

어째서 이승만, 박정희 정부에서는 이런 노력을 안 했는가, 이 생각을 그 당시에 난 참 많이 했다. 이승만 정권 때에는 헤어진 가족에 대한 기억이 생생하게 많이 남아 있을 터이고, 박정희 정권 때에는 라디오가 대거 보급되고 1970년대 후반에 가면 흑백TV도 대다수 가정에 보급돼 있었는데 왜 그런 노력을 하지 않았나 하는 생각이 많이 들더라.

그 해답은 아주 쉽게 찾을 수 있을 것 같다. 이승만 정부도 그렇고 박정희 정부, 특히 유신 체제에서는 긴장이 완화되거나 분단 체제가 이완되는 것을 원하지 않았다. 남북 간에 갈등이 있는 것이 그 당시 정권에 더 유용한 면이 많을 수 있었다. 그러면서 '우리 모두 반공, 반북 운동에 주력하지 않으면 안 된다'고 사회 분위기를 잡던 때 아닌가. 그런데 이산가족 찾기 운동은 아무리 남남 이산가족 찾기 운동이라고 하더라도 남북 대화처럼 그러한 반공, 반북 운동을 약화시킬 수 있었다. 이승만, 박정희 정권 때 이산가족 찾기가 유관 기구나 신문을 통해 있긴 했지만, 국가 기구나 방송 같은 매체를 활용해 대대적으로 벌인 적이 없었던 데에는 그런 점도 작용한 것 아닌가, 나는 그렇게 본다.

이승만은 전시 분위기를 띄우며 북진 통일을 외쳤고, 그것에 방해가 되면 철저히 탄압했다. 이승만 최대의 정적 조봉암은 평화 통일을 외치다가 사형대에 올라가지 않았나. 5·16쿠데타가 일어난 후 가장 혹독하게 당한 세력이 평화 통일을 주장하던 혁신계였다.

1960년대에 이산가족 상봉을 정부 차원에서 추진할 뻔했던 절호의 기회가 딱 한 번 있었다. 1964년 아시아에서는 처음으로 도쿄에서 올림픽이 열렸을 때 세계적인 육상 선수인 북한의 신금단이 월남한 아버지를 만났다. "아버지!", "금단아!"가 방방곡곡을 울렸고 이산가족 상봉 문제가 뜨겁게 달아올랐다. 그러자 여야를 떠나서 국회의원들이 남북 가족 면회소 설치 결의안을 제출했다. 그러나 이것은 박정희에 의해 즉각 제지됐다. 이미 박정희는 신금단 부녀의 만남 4일 후인 그해 10월 13일 "신금단 사건에서 보인 북괴의 비인도적 처사를 규탄하는 국민적인 여론을 조성하라"고 지시했다. 신금단 사건으로 달아오른 이산가족 상봉 문제를 반공 궐기 대회로 차단하게 한 것이다. 국회에서 결의안이 나왔을 때에도 "국시로 내걸고 있는 유엔 감시하의 남북 자유선거라는 통일 방안 이외에 여하한 통일 방안도 있을 수 없다"고 역설하면서 '무작정한 여론이나 감상적 공론'을 경계해야 한다고 강조했다. 1972년 7·4남북공동성명 때에도 가장 열렬하게 환영한 이들은 이산가족이었다. 너무나 당연하지 않나. 그러나 박정희는 유신 체제를 만들기 위해 나온 이 성명에서 한 걸음도 더 나아가지 못하도록, 반공 체제가 조금도 이

완되지 않도록, 그러니까 금을 넘지 못하게 단속하라는 지시를 내렸다.

이산가족 상봉에 한국인들은 많은 눈물을 흘렸다. 한국인이 이렇게 눈물을 많이 흘린 건 역사상 처음일 것이다. 난 그렇게 본다. 그 후에도 이산가족 상봉이 있었고 그걸로 며칠간 눈물을 흘리기도 했지만, 1983년 이때는 정말 얼마나 오랫동안 눈물을 흘렸느냐, 이 말이다.

이산가족 찾기 생방송은 이원홍 KBS 사장이 하도록 했다고 한다. 이 시기에 KBS가 워낙 못된 방송을 많이 해서 이원홍 이 사람도 욕을 많이 얻어먹었는데, 이 방송 아이디어를 냈다고 한다.

전두환 일행 노리고
아웅산에서 테러 저지른 북한

— 이산가족 찾기 생방송이 KBS에서 계속되던 시기에 버마에서 큰 사건이 터지지 않았나.

1983년 10월 9일 한글날에 아웅산 묘소에서 폭파 사건이 일어났다. 아웅산 묘소는 아웅산 수치의 아버지 아웅산 장군의 묘소를 가리킨다. 아웅산 장군은 버마, 지금은 미얀마인 버마의 독립 운동을 상징하는 인물이다.

이 시기에 전두환 대통령은 인도, 호주, 뉴질랜드 등을 순방할 일정을 잡고 첫 방문지로 버마를 찾았다. 처음에 계획을 짤 때는 버마가 들어 있지 않았는데, 나중에 버마 방문이 추가됐다. 그렇게 해

1983년 10월 13일 아웅산 테러 순국 외교 사절단
합동 국민장 운구 행렬. 사진 출처: e영상역사관

서 버마를 방문해 아웅산 묘소에 참배하러 갔는데 거기서 폭파 사건이 일어난 것이다.

폭탄이 터지면서 눈 깜짝할 사이에 서석준 부총리, 함병춘 청와대 비서실장, 이범석 외무부 장관, 김동휘 상공부 장관, 서상철 동자부 장관과 김재익 경제수석 등 고위 관료, 대통령 주치의 민병석 등 16명이 숨지고 이기백 합참의장 등 15명이 다쳤다. 부상자 중한 사람이 귀국 후 숨져 사망자는 17명으로 늘어나게 된다. 차를 타고 달려오던 전두환은 차를 즉각 영빈관으로 되돌렸다.

전두환이 살아난 데에는 아웅산 행사장 안내를 맡은 버마 외무부 장관이 자동차 고장으로 약속 시간보다 3~4분 늦게 도착한 것이 한 요인이었다. 그 점도 있지만 더 중요한 것은 나팔 소리를 잘못 들은 북한 특공대의 오판이었다.

사건이 일어나기 전 대통령보다 각료들이 아웅산 묘소에 먼저 도착했는데, 천병득 청와대 경호처장이 묘소를 지키고 있던 버마 군인들한테 "나팔 불 준비는 됐느냐?"고 물어보고 손으로 나팔 부는 흉내를 냈다고 한다. 그런데 버마 군인들이 이걸 잘못 알아듣고 나팔을 불었다고 그런다. 근처에 숨어 있던 북한 테러범들이 이 나팔 소리를 듣고 '한국 대통령 일행의 참배가 시작되나 보다'라고 생각하고 원격 조종 장치를 누른 것이다. 그래서 전두환이 무사할 수 있었다고 한다.

한국 역사상 고위 인사들이 한꺼번에 이렇게 많이 죽은 건 드문 일이다. 많은 사람들이 이들의 죽음을 안타까워했지만, 그중에서도 김재익 수석의 죽음을 안타까워하는 사람들이 많았다.

전두환은 이 폭탄 테러를 북한과 버마의 합작품으로 알았다. 그러나 네윈 장군의 방문으로 생각을 바꿨다. 네윈은 이미 1950년대에 군부의 실세였다. 처음에는 우누 민간 정부에 협조하는 듯하더니 1962년 쿠데타를 일으켜 명실공히 독재자로 군림했다. 1981년 대통령직을 측근인 우산유에게 넘겨줬지만 실권은 네윈이 쥐고 있었다. 네윈은 오랫동안 후견자로서 실권을 쥔 독특한 정치 체제를 만들어냈고 그래서 네윈식 통치라는 말이 생겼지만, 네윈의 장기 철권통치로 버마는 멍이 들대로 들었다.

버마 정부는 "아웅산 묘소 폭파 사건은 북한 군부에 의해 저질러졌으며 랑군에 있는 북한 대사관이 이 사건에 직접 개입했다"고 발표했다. 범인은 북한군 정찰국 특공대 소속의 진아무개 소좌 등 3명으로 알려졌다. 이들은 9월 22~23일경 랑군에 도착해 암약했고, 전두환 일행 도착 하루 전인 10월 7일 아웅산 묘소에 들어가 묘소 지붕에 2개의 폭탄을 설치했다고 한다.

── 전두환이 순방 일정을 조정해 버마에 간 이유는 무엇인가. 뭔가 다른 속셈이 있었기 때문이라는 얘기도 있지 않나.

아웅산 참사로 전두환의 경제, 외교 진용은 타격을 입었다. 문제는 처음에 일정에 포함되지 않았고 외톨이여서 정상 외교로 얻어올 만한 것이 없었던, 그리고 비동맹 주류에서 이탈해 정치적으로 남한보다 북한에 더 가까운 것으로 알려졌던 버마에 왜 갔느냐 하

● 김재익은 전두환의 경제 가정 교사로 불리며 전두환·신군부 집권 전반기에 물가 안정, 수입 자유화, 금융 자율화 등을 추진했다. 전두환은 아웅산 묘소 폭파 사건 후 군에서 북한에 대한 보복 공격 주장이 나왔지만 자신이 이를 진정시켰다고 밝혔다. 한편 이 사건이 일어나기 한 달 전인 1983년 9월 1일에는 소련 사할린 부근에서 KAL기가 격추되는 사건도 일어났다.

는 것이다.

이 점에 대해 박보균 기자는 인도로 가는 도중 중간 기착지를 찾다가 마땅한 나라가 없어 끼워 넣었다는 주장, 북한과 더 친한 나라에 들어감으로써 비동맹에서 대북한 우위의 계기를 마련할 수 있다는 점 등을 소개하면서 전두환이 퇴임 후 네윈식 섭정 정치를 현장 학습하기 위해 갔다는 얘기가 설득력 있게 떠돌고 있다고 썼다. 박 기자가 쓴 것을 더 자세히 들여다보자.

"버마행의 진짜 숨은 의도가 네윈식 통치 체제를 관찰해보려는 것이었다는 지적이 만만치 않다. 버마가 뒤늦게 순방 대상국에 포함된 데는 허문도 문공 차관의 아이디어를 전 대통령이 수용한 결과라는 것이다. 허 차관은 전 대통령을 비밀리 독대, 네윈식 통치의 노하우와 퇴임 후의 독특한 영향력 행사 방법 등을 현장 경험하는 것이 국가 관리에 도움이 될 것이라며 버마 순방을 건의했다고 한다. 이런 대목을 전 씨 측근이나 허 씨 등은 부인하고 있지만 당시 권부에 있던 많은 사람들은 사실이라고 믿고 있다."

이 주장이 설득력이 없는 것은 아니다. 전두환이 임기 말년에 퇴임 후 자신의 위상에 대해 굉장히 신경을 썼고 그래서 국정자문회의 같은 것을 만들어 뭔가를 해보려고 한 것을 많은 자료가 말해주고 있다.

이철희·장영자 금융 사기 사건, 전두환·신군부 권력 지형을 바꾸다

전두환과 5공 잔혹사, 아홉 번째 마당

전두환 친인척 장영자 부부가 일으킨
'단군 이래 최대 어음 사기 사건'

김 덕 련 1980년대 전반기에 사회를 뒤흔든 사건 중 하나가 이철희·장영자 사건이다. 왜 그토록 세간의 관심을 모았던 것인가.

서 중 석 전두환·신군부 정권 초반부터 학생 운동이 일어나고 '부미방' 사건(1982년 3월)도 일어나고 1983년에는 아웅산 묘소 폭파 사건도 일어나고 그랬지만, 특히 사회적으로 관심을 크게 모은 것이 장영자·이철희 또는 이철희·장영자 어음 사기 사건이었다. 이걸 언론은 단군 이래 최대 금융 사기 사건이라고 불렀다.

1982년 5월 7일 대검찰청은 장영자와 이철희를 외환 관리법 위반 혐의로 구속했다고 발표했다. 검찰 발표에 따르면 이 부부가 자금난에 허덕이는 기업들에 현금을 빌려주고 대신 몇 곱절로 받아낸 어음 총액이 7,111억 원에 달했다. 이 중 6,404억 원어치를 할인해서 사용했다고 검찰은 발표했다.

증시가 폭락하고 사채 시장이 얼어붙기 시작하고 5~6개 상장 기업이 부도에 몰렸다. 5월 10일 유창순 총리 주재로 긴급 대책 회의가 열렸고, 5월 11일에는 한국은행이 긴급 자금 1,000억 원을 방출했다. 들끓는 여론을 잠재우기 위해 검찰이 5월 12일 이례적으로 중간 수사 결과를 발표했으나, 진정되기는커녕 사건은 점점 더 커져갔다. 이 사건으로 돈의 흐름이 마비돼 경제 활동이 크게 위축됐다. 5월 20일 검찰은 사건 전모를 발표하면서 장영자 부부, 두 은행장, 기업인 6명, 사채업자 3명 등 19명을 구속했다.

장영자는 1980년 2월에 20억 원으로 활동을 시작했다. 1년 후

1982년 5월 7일 자
동아일보. 대검찰청은
이날 장영자와 이철희를
외환 관리법 위반 혐의로
구속했다고 발표했다.

인 1981년 2월 수백억 원의 자금으로 증시와 사채 시장에서 큰손으로 알려졌다. 자금 조달을 위해, 담보로 차입금의 2배에 해당하는 약속 어음 교부를 요청한 뒤 담보용으로 취득한 어음을 사채 시장에서 할인하거나 다른 회사 어음과 교환해 할인하는 수법을 썼다. 장영자가 태양금속의 어음 92억 원을 받아 그중 50억 원을 공영토건에 넘기고 이를 교환해 돌리자 태양금속이 어음 사취로 검찰에 고발하면서 이 사건이 불거졌다.

　　온 나라를 들쑤셔놓고 사람들의 지대한 관심을 끈 건 단군 이래 최대 어음 사기 사건이라고 불린 데서도 알 수 있듯이 액수가 어마어마했기 때문이다. 그렇지만 그것 때문만은 아니었다. 엄청난 금액 때문에도 사람들이 관심을 가졌지만 이철희, 장영자라는 사람

때문에 '이건 굉장한 사건 아니냐', 이런 생각을 가질 수 있었다.

── 이철희, 장영자가 어떤 사람이기에 많은 이들이 그런 생각을 갖게 된 건가.

이철희는 일제 말 일본 육군 나가노 정보학교 출신으로 수십 년 동안 정보 계통에서 활동한, 그야말로 정보 계통에서 뼈가 굵은 사람이었다. 1973년 김대중 납치 사건이 일어났을 때 이철희는 중앙정보부 해외 담당 차장보로 김대중 납치 사건에서 중요한 지휘 라인에 있었다. 그 후 중앙정보부 차장이 되는데, 중앙정보부 차장이라는 게 막강한 권력을 가진 직위 아니었나. 그런 자리에 있던 자였다. 유신 말기에는 유정회 소속으로 금배지를 달기도 했다.

장영자는 대통령 부인 이순자 삼촌의 부인 동생이었다. 그러니까 장영자의 형부 이규광이 전두환의 처삼촌이었다. 또 이철희와 장영자가 부부가 되는 데에는 박정희의 역할이 컸다고 한다. 그뿐 아니라 박정희와 가까운 사이였고 당시 광업진흥공사 사장이던 이규광은 이철희·장영자의 호화판 결혼식에서 특별히 인사말을 했다. 이렇게 권력과 긴밀히 연결돼 있었기 때문에 '장영자 부부의 어음 사기 사건에는 엄청난 배후가 있지 않느냐', 이 생각이 많은 사람한테 저절로 떠올랐다. 그렇게 엄청난 금액을 장영자가 주물렀으면 정치 자금으로도 빠져나가지 않았겠느냐는 추측도 떠돌았다.

검찰 발표에 따르면 이철희·장영자 부부는 15개월 동안 교제비와 생활비 등 개인 소비 명목으로 49억 원을 썼다고 한다. 요즘 기준으로도 큰돈이지만 당시로서는 정말 엄청난 액수였다. 하루에 1,089만 원꼴이었는데 그즈음 10년 경력 교사의 월급이 25만 원 안

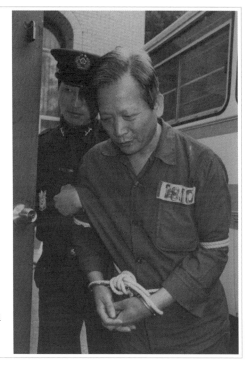

1982년 10월 2심 공판에 나온 이철희. 이철희는 일제 말 일본 육군 나가노 정보학교 출신으로 수십 년 동안 정보 계통에서 활동한 사람이었다.

퓨이었다는 걸 생각하면 그 돈이 얼마나 큰돈인가를 알 수 있다고 노재현 기자는 얘기했다.

이철희·장영자 부부의 돈 씀씀이에 대해서는 일화가 많다. 가택 수색에서 나온 돈만 해도 미화 40만 달러, 일화 800만 엔이었다. 경찰 8명도 하루아침에 옷을 벗었다. '돈 많은 사모님'이던 장영자 집에서 1981년 5월 물방울 다이아몬드 등 1억 2,000만 원어치를 빼앗아 달아난 강도 일당을 이들이 끈질기게 추적해 1982년 2월 검거하자 장영자는 '애들 장학금이나 하라'며 50만 원씩 줬다. 이철희·장영자 사건이 터진 후 어음 추적 과정에서 이들 경관들의 비위 사실이 적발된 것이다.

1982년 10월 2심 공판에 나온 장영자. 장영자는 대통령 부인 이순자 삼촌의 부인 동생이었다.

장영자는 주로 자금 압박에 시달리는 건설업체 등과 접촉해 엄청난 액수의 현금을 빌려주는 대신 그것의 몇 배에 달하는 약속 어음을 받아냈다. 예컨대 공영토건, 규모가 상당히 컸던 이 회사의 경우 장영자는 빌려준 돈의 9배나 되는 1,279억 원의 약속 어음을 받아냈고, 그걸 할인해서 또 다른 회사에 빌려줬다. 그렇게 받아낸 어음 총액이 7,111억 원이었고 이 가운데 벌써 6,404억 원어치를 할인해서 사용해버린 것이다. 장영자는 남편 이철희의 중앙정보부 경력 같은 것도 활용하고 대통령과 친인척 관계라는 것도 팔고 다니면서 '이건 특수 자금이니 절대 비밀로 하라', 이러면서 돈을 빌려줬다고 한다.

청와대·안기부·보안사는 왜
장영자 부부의 사기 행각을 막지 않았을까

— 한두 푼도 아니고 어마어마한 금액을 굴리며 사기를 치고 다녔는데, 사회 곳곳에 촉수를 뻗친 각종 정보 기관에서 그걸 모를 수 없는 것 아닌가.

장영자 이 사람은 일찍부터 주목을 받았다고 한다. 1980년 7월 장영자에 관한 첩보가 보안사에 들어갔다. 법명이 장보각행인 장영자라는 여성, 마흔 살 먹은 미모의 여성이 거액을 뿌리며 의문의 활동을 하고 있다는 내용이었다.[•] 그렇지만 보안사는 장영자를 집중 관찰 대상으로 지목하고 '이 사람을 조심하라'고 각 부대에 알리는 정도만 했을 뿐, 더 이상 뭔가를 하지는 않았다. 이것과 관련해 '당시 보안사령관이 누구냐. 전두환 아니었느냐. 그것 때문에 무마된 것 아니냐'고 보는 시각도 있다.

보안사뿐만 아니라 안기부에서도 장영자 문제를 파악하고 있었고 청와대 민정 비서실에도 장영자 부부가 뭔가 수상한 활동을 하고 있다는 얘기가 들어갔다. 그렇지만 이게 사건화된 것은 1982년 4월 공영토건이 '어음 사기를 당했다'는 진정서를 검찰에 제출하면서부터다. 이 사건으로 은행장 2명과 기업체 간부, 전직 기관원, 그리고 대통령 처삼촌까지 30여 명이 구속됐다. 포항제철 다음가는 규모이던 일신제강과 도급 순위 8위이던 공영토건이 부도 처리되

[•] 장영자는 1944년생으로 이때 실제로는 36세였다. 이철희는 장영자보다 21세 연상으로 육사 2기(박정희·김재규와 동기)다.

는 등 경제에도 상당한 악영향을 끼쳤다. 또한 두 차례에 걸친 개각으로 고관들도 대거 밀려났다.

어음 사기를 그처럼 엄청난 규모로, 대담하게 저질렀다는 점에서도 이 사건은 관심을 모았지만, 앞에서 얘기한 것처럼 전두환의 처가 쪽 친척이 관련돼 있다는 점에서 큰 화제가 됐다. 그뿐 아니라 권력 내부를 크게 변화시키는 계기가 됐다.

처삼촌 위해 보호막 친 전두환,
그럼에도 구속 못 피한 이규광

── 권력 지형에 어떠한 변화를 가져왔나. 그리고 전두환은 이 사건에 대해 어떤 태도를 취했나.

보기 드물게, 이 사건에 대해서는 언론이 자유롭게 보도했다. 언론 통제 시대였고, 전두환 친인척이 관여됐으니 언론 통제가 더 심했어야 '정상'인데 그 반대였다. 그것엔 이유가 있었다.

청와대의 '투 허'(허화평과 허삼수)가 나서면서 이철희·장영자 수사가 확대됐다. '투 허'는 민정수석과 안기부장을 통해 이 사건의 내용을 알게 됐다. 그때까지 수사를 맡았던 법무부는 수사에 성의가 없었다. 전두환에게 보고할 때에도 친인척 부분은 물론이고 사건 자체도 축소하려고 했다. '투 허'는 이 사건을 철저히 수사하고, 언론을 일절 통제하지 않아야 하며, 전두환 친인척도 혐의가 드러나면 구속해야 한다고 강조했다. 이들은 5공 주역들이 한낱 장영자라는 여인한테 돈을 먹었다는 의심을 사서는 안 된다며, 청와대를 떠나도 좋다는 각오로 달려들었다고 한다. 언론은 참으로 오랜만에 언론 자유를 구가했다. 자유롭게 보도해도 좋다는 새로운 '보도 지침'이 내려왔기 때문이다.

1982년 5월 17일 오전 청와대 수석비서관 회의가 열렸다. 여기서 이규광 처리 문제가 얘기됐는데, 이 시기에 법무부와 검찰은 이규광 처리 방안을 놓고 다른 의견을 내놓았다. 그러면서 이종원 법무부 장관이 이규광을 두둔하고 있다는 풍문마저 돌았다. 이철희·장영자 사건 때문에 두 차례 개각이 이뤄지는데, 이종원과 정치근 검찰총장이 물러난 데에는 '투 허'의 영향력이 작용했다.

장영자·이철희 사건 문제를 논의하는 회의가 이전에도 있었지만 이날 회의가 고비였다고 볼 수 있다. 여기서 전두환은 어떤 태도를 취했느냐. 문제의 핵심은 이규광을 어떻게 처리하느냐, 이것이었다. 광업진흥공사 사장이던 이규광은 한·중동은행 설립을 부탁받으며 1억 원을 받은 혐의를 받고 있었다. 이 회의에 참석한 박철언이 회고록에서 얘기한 걸 한번 보자.

박철언 회고록에 의하면, 이 회의에서 전두환은 비서관들을 계속 질책하면서 "'정치적 속죄양'을 만들기 위해 특정인을 구속한다는 것은 있을 수 없는 일이다. 시중의 유언비어에 현혹되지 마라. 의연한 자세로 대처하라"며 허화평 수석에 대한 불편한 심기를 감추지 않았다고 한다. 수석비서관 회의에서 대통령이 '특정인 구속은 안 된다'고 하면서 처삼촌인 이규광을 구속하는 데 선을 긋고 나오니까, 회의에 참석한 비서관들은 당황하지 않을 수 없었다고 한다. 들끓고 있는 민심을 가라앉히기 위해서라도 이규광 구속은 불가피했는데, 어느 누구도 대통령의 결심을 얻어내기 위해 나서려 하지 않았다고 박철언은 썼다. 박철언 주장에 의하면 이때는 허화평, 허삼수 수석도 주춤거려서 자기가 나섰다고 한다. "각하, 용단을 내리셔야 합니다"라고 얘기하니까 전두환이 나중에 가서야 "그래, 구속해"라고 했다고 박철언은 주장했다.

— 고양이 목에 용감하게 방울을 단 건 자신이었다는 것인데, 그 부분이 사실일까? 그동안 나온 이런저런 회고록들 가운데 대체로 자신에게 유리한 쪽으로 쓴 경우가 적지 않았다는 점에서도 그렇고, 이규광 구속 수사를 주장해 관철한 건 허화평과 허삼수라는 얘기가 있다는 점에서도 의문이 든다.

박철언 이야기 중 그 부분이 사실인지는 지금으로서는 정확히 알기가 어렵다. 박철언 회고록을 보면, 허화평을 상당히 강하게 비판하는 대목이 몇 군데 나온다. 사이가 나빴던 것 같은데, 이유는 뻔한 것 아닌가. 계통이 다르지 않나. 군 출신인 허화평과 달리 박철언은 검사 출신이었을 뿐만 아니라 무엇보다도 노태우 쪽 아니었나. 그리고 '투 허'가 이철희·장영자 사건 처리 방향을 놓고 전두환과는 다른 태도를 취한 것도 사실이다.

그런 부분을 당연히 고려해야 한다. 사료 비판은 역사 연구에서 기본이라는 점에서도 그렇다. 그와 별개로, 박철언이 1980년부터 20여 년 동안 그때그때 또는 그 직후에 일지 형식으로 기록해둔 것을 바탕으로 회고록을 썼다고 밝힌 부분도 생각해볼 필요가 있다. 그런 자료를 바탕으로 구체적인 시간, 장소, 당시 상황 같은 것을 상세하게 서술하려 한 부분은 그것대로 평가할 만하다.

청와대 수석비서관 회의 다음 날인 5월 18일, 이규광이 이철희와 장영자로부터 억대의 금품을 받은 혐의로 구속됐다는 뉴스가 크게 보도됐다. 여기서 이규광이 누구인가, 이 점도 중요하다. 무슨 말이냐 하면, '이규광이 단순히 장영자의 형부 또는 이순자의 삼촌일 뿐인가? 그렇지 않다'는 데 권력의 핵심들은 또 관심이 많을 수 있었다.

민정 이양기와 유신 말기
이규광의 수상쩍은 행적

—— 이규광은 어떤 사람이었나.

이규광은 이승만 정권 말기인 1959년에 이미 육군 헌병감이 된 사람이다. 이때 30대 초반이었는데, 젊은 나이에 힘 있는 자리에 오르며 굉장한 출세를 한 것이다. 그 후 육군 준장으로 예편했다.

그런 이규광이 1963년 민정 이양기에 구속됐다. 그해 3월 11일 도하都下 각 신문이 호외를 뿌렸는데, 중앙정보부에서 군 일부 쿠데타 음모 사건을 적발했다고 쓰여 있었다. 그런데 그 관련자가 김동하 전 최고회의 외무국방위원장, 박창암 전 혁명 검찰부장, 박임항 건설부 장관, 이규광 전 육군 헌병감 등 이른바 거물들이었다.

이 사건에서는 구속된 사람들의 면면도 대단했지만 구속된 시점이 훨씬 더 중요했다. 뭐냐 하면 박병권 국방부 장관, 김재춘 중앙정보부장이 중심이 된 군부가 5·16 '혁명 공약'에서 약속한 대로 박정희의 민정 참여를 반대하고 군 복귀를 주장했다. 그래서 할 수 없이 박정희는 1963년 2·18 성명을 통해 대통령에 출마하지 않겠다고 발표하고 2·27 선서에서 그걸 '선서' 형태로 국민한테 공약하지

1982년 5월 18일 자 동아일보
1면에 실린 이규광의 사진.

않았나. 그런데 그걸 박정희가 깨려고 할 때 이 사건이 터진 것이다.

구속자 중 김동하는 공화당의 이원 조직과 김종필에 대해 최고회의에서 가장 강력하게 공격하던 자였다. 2·18 성명과 2·27 선서를 주도한 박병권 국방부 장관도 이 사건으로 사임할 수밖에 없었다. 박병권 사임도 주목을 받을 수 있지만, 이 사건 직후인 3월 15일 현역 군인들의 유례없는 데모, 즉시 계엄을 선포하고 군정을 연장하라는 시위가 일어났다는 점도 중요하다. 그러자 그다음 날 바로 박정희는 3·16 성명을 통해 '군정을 4년 연장하는 문제를 국민투표에 부치겠다', 이렇게 나오지 않았나. 한마디로 박정희가 국민에게 한 약속을 손바닥 뒤집듯 파기하고 민정 참여 문제에 대해 번의를 할 때, 그러면서 대통령 후보로 나서려고 할 때 터진 사건이었다.

그래서 세간에서는 이 사건을 정치적인 사건으로 보고 있었다. 그런 속에서 그해 5월 22일 첫 공판을 시작으로 재판이 이어졌다. 그런데 재판을 받을 때 주동자인 이규광이 공소장에 범죄 사실로 적힌 사항을 거의 모두 시인했다. 대개 사실이 아니라고들 하는 게 일반적임을 감안하면 놀라운 일이다. 그리고 6월 5일 박임항은 '쿠데타를 일으키려 한 것이 아니다. 이규광이 모사를 했는데, 그걸 받아들인 건 전 중앙정보부장 김종필을 제거하는 줄로 알고 그랬던 것이다', 이렇게 얘기했다. 당시 알래스가 세력(함경도 출신 군인들)이라고 불린 이쪽 사람들이 '김종필 제거? 그러면 한 번 해보자', 이랬을 가능성이 있었다. 그런데 그걸 그렇게 하도록 일을 꾸민 자가 누구냐, 이 말이다.

이규광은 유신 말기에 또 주목을 받았다. 박정희와 관계를 가지면서 사설 정보대를 만들어 많은 정보를 박정희, 차지철 쪽한테 줘서 김재규를 곤경에 빠뜨렸다. 이러한 전력에 대해서는 '투 허'를 비롯한 신군부 핵심 세력이 잘 알고 있었을 것이다.

이철희·장영자 사건 계기로 '투 허' 잘리고 '권력 연합'에서 전두환 '권력 독주'로 재편

— 이규광 구속을 즈음해 권력 집단 내부 기류는 어떠했나.

1982년 5월 17일 청와대 수석비서관 회의가 전두환 임석 아

● 이 사건 피고인 중 한 사람인 정진은 첫 공판이 열린 1963년 5월 22일 법정에서 "이 사건은 정부가 이규광에게 돈을 주어 정치적으로 조작한 것이오."라고 외쳤다. 그 후 공판 과정에서 정진은 사건이 터지기 전 이규광이 수상쩍은 모습을 보였다고 진술했다. 1962년 11월에는 "함경도 놈들을 쳐부숴야겠다"며 '알래스카 토벌'을 얘기하던 이규광이 얼마 후부터는 그와 반대로 거사를 하자며 알래스카 쪽을 접촉해 자신이 이상하게 여겼다는 얘기였다. 정진은 그 속셈을 알아보기 위해 이규광을 몇 차례 만나기도 했다고 진술했다.

래 열리고 18일 이규광 구속 뉴스가 나왔는데, 5월 22일에는 청와대 옆 궁정동 안가에서 극비 모임이 열렸다. 참석자는 유학성 안기부장, 노태우 내무부 장관, 황영시 육군 참모총장, 차규헌 2군 사령관, 정호용 3군 사령관, 백운택 군단장, 박준병 보안사령관, 안무혁 국세청장, 정도영 보안사 참모장, 그리고 호스트였던 허화평 청와대 정무1수석, 허삼수 사정수석이었다. 그야말로 이너 서클이 모인 것이다. 이 모임을 기획한 건 허화평, 연락을 취한 건 허삼수였다. 이 자리에 한 명이 안 왔다. 장세동 청와대 경호실장이었다. 장세동은 모임이 끝날 때 나타났다. 이 자리에서 무슨 이야기가 오갈 것인지를 장세동은 알았기 때문에 끝날 시간에 맞춰 형식적으로 참석한 것으로 보인다.

5공 권력의 실세 또는 전두환·신군부 이너 서클의 핵심이라고 볼 수 있는 이 사람들은 '정의 사회 구현, 깨끗한 정부 실현이 온통 먹칠을 당하고 있다', '친인척 문제는 분명히 짚고 넘어가야 한다. 대통령 친인척은 누구도 공사公私 활동을 해서는 안 된다. 사회봉사의 뜻은 존중할 만하나 친인척이 사기꾼에게 이용당할 수 있다'고 얘기하면서 장영자 사건을 그냥 넘어가서는 안 된다고 의견을 모았다고 박보균 책에 나온다. 이 자리에서 집약된 의견은 대통령 친인척은 공사 활동에서 손을 떼야 한다는 것이었다. 이 같은 결론은 전두환이 오랜 처가살이를 했기 때문에 장인 이규동, 처삼촌 이규광에게 얼마나 약한지를, 그리고 두 이 씨가 어떤 식으로든 역할을 할 것이라는 걸 알기 때문에 나온 것이라고 박보균 책에 쓰여 있다.

두 시간여에 걸친 토론 끝에 누가 전두환에게 진언할 것인가가 논란이 됐다. 집단으로 갈 수는 없는 노릇이었다. 그 자리에서 '선임 유학성이 수고 좀 해달라'는 말이 나왔다. 그때 유학성이 놀라운 얘기를 했다. "나는 조만간 안기부장 자리에서 물러나게 돼 있다. 그 일로 이미 전 대통령과 식사를 하고 얘기를 끝냈다." 다음 선임자인 황영시, 차규헌은 현역 군인이라 문제가 있을 것 같았다. 결국 노태우가 총대를 메게 됐다. 그러나 그다음 날(23일), 일요일이었는데 노태우는 청와대에 들어가지 않았다. 다만 '각하를 모시는 동지들의 의견이 이렇습니다'라는 내용의 문건만 전달했다. 전두환의 직설적인 성격을 잘 알고 있는 노태우가 정면 돌파를 피하고 계속 고민하다가 서면으로 때운 것이다. 노태우다운 모습이었다.

— 전두환은 어떤 반응을 보였나.

전두환은 이런 집단 건의를 놔둬서는 안 된다고 생각했다. 먼저 후배들을 불러 단단히 야단치고, 이러한 사실이 선배들에게 들어가 알아서 기도록 했다. 그러나 '투 허'는 부르지 않았다. 그 이유에 대해 박보균 기자는 B씨 견해를 소개했다. "전 대통령은 두 허 수석을 호락호락하지 않다고 본 것입니다. 두 허 씨는 자신들을 불러주면 따지겠다는 생각을 했지요. 전 대통령이 제갈공명으로 그(허화평)를 신임한 측면도 있었지만 이론으로 그를 당해낼 수 없었거든요." 전두환이 '투 허'를 만나지 않은 것은, 앞에 얘기한 점도 작용했겠지만, '투 허'를 청와대에서 내쫓아야겠다는 결심이 이미 섰기 때문일 것이다.

노태우 회고록에는 허문도까지 포함한 '쓰리 허', 그리고 군부, 이건 조금 전에 말한 그 모임에 참석한 사람들을 주로 가리킬 텐데, 여기서는 대한광업진흥공사 사장을 맡았던 이규광 등 이 사건과 관련 있는 친인척을 예외 없이 엄벌에 처하고 차제에 모든 친인척을 공직에서 물러나게 해야 한다는 태도를 취한 것으로 나와 있다. 이 시기에 이순자는 새세대육영회장, 이규동은 대한노인회장, 전두환의 동서인 김상구는 평화통일자문회의 사무차장, 동생 전경환은 새마을운동본부 사무총장을 맡고 있었다. 전두환 친인척은 나중에도 여러 차례 물의를 일으키고 상당수가 노태우 정권 때 감옥에 갔다.

지금까지 얘기한 대로 허화평이 아주 강력하게 이른바 개혁 정신을 내세우면서 장영자 사건 관련 친인척을 엄벌에 처하고 차제에 모든 친인척을 공직에서 물러나게 해야 한다는 분위기로 몰고 가는 데 역할을 했던 것으로 보인다. 그래서 전두환은 허화평에 대해 마음이 아주 안 좋은 상태였다.

── 이너 서클 구성원 중에서 허화평·허삼수는 1979년 12·12쿠데타 당시 계급도 그리 높지 않고 육사 기수로도 후배 그룹에 속했지만 그 후 실세 중의 실세로 군림하지 않았나. 그 위세가 어느 정도였나.

허화평은 전두환·신군부 권력의 연출자, 자신은 키 플레이어라고 얘기했다는데, 설계사라고도 얘기할 만한 역할을 12·12쿠데타 이전부터 맡은 것으로 알려져 있다. 유학성은 안기부장을 하고 싶어 할 때에도 두 사람 눈치를 봤다고 한다. 노태우 회고록에도 장관들이 전두환 대통령한테 보고하고 나서 '투 허'를 찾아갔다고 돼 있다. 안 찾아가면 뭔가 찜찜해서, 찾아가서 대통령한테 한 얘기를 또 해야 한다고 할 만큼 '투 허'는 대단한 실세였다.

그런데 전두환은 1982년 5월 20일 민정당 사무총장을 권정달에서 권익현으로 바꾸고, 바로 이어서 6월 2일에는 안기부장을 유

1981년 전두환이 허화평에게 정무제1수석비서관 임명장을 주고 있다. 허화평은 전두환·신군부 권력의 연출자, 설계사라고도 얘기할 수 있을 만큼 중요한 역할을 했다. 사진 출처: 국가기록원

학성에서 노신영으로 바꿨다.* 내각도 대폭 개편했다. '극약이 명약이 된다'며 전두환 친인척이 사회 활동에서 손을 떼야 한다고 주장했던 유학성 안기부장 경질은 '투 허' 수석을 자르기 위한 예비 조치였다고 보고 있다. '투 허'가 대단하긴 했던가 보다. 안기부장이 참 센 자리인데 그보다 더 센 사람으로 얘기될 정도였으니까. 그러면서 12월에 가서 '투 허'를 자르게 된다.

─ 허화평과 허삼수를 청와대에서 내보낸 조치에는 어떤 의미가 담겨 있었나.

'투 허'가 잘려 나간 것은 권력 내부에 큰 영향을 줬다. 전두환

---

* 유학성은 "영부인(이순자)도 자중해야 한다"는 이야기를 남기고 물러났다고 한다.

밑에서 정권의 실세로 알려져 있던 '투 허'가 잘렸다는 건 작은 일이 아니었다. 노재현 기자 책에는 '투 허'가 잘린 것에 대해 상반된 평가가 실려 있다. 전두환은 킹 메이커였던 '투 허'에 대해 부담감을 가졌고 그래서 1982년 5월에 이미 허화평을 국세청장에 임명해 청와대에서 내보내려 했는데, 허화평이 그 제의를 거부했다고 한다. 12월에 '투 허'가 청와대를 나오면서 전두환이 파워 게임에 따르는 부담은 덜게 됐지만, '권력 연합'에서 '권력 독주'로 나아가게 했고 전두환 친인척이 본격적으로 나서는 계기가 됐다는 평가도 있다. 그래서 정권은 살아남았지만 '개혁'은 죽어버린 것 아니냐, 권위주의 정권일수록 내부 핵심이 견제해야 하는데 그런 구도가 깨져버리지 않았느냐는 지적이다. 반면 '투 허'가 잘린 것은 '창업'에서 '수성守城' 단계로 이행하는 과정에서 당연히 나온 조치로, 군 엘리트가 노신영, 김재익 같은 관료 엘리트에게 밀려나는 추세를 반영했을 뿐이라는 주장도 있다.

'투 허'는 육사 17기로 육군대학을 수석, 차석으로 졸업했다. 두 사람 다 파시스트적 사고가 강했지만, 일방통행식 충성심을 가진 허삼수가 행동형이라면 허화평은 기획력이 뛰어난, 사안 전체의 장기적인 진행 방향을 미리 생각해둔 바탕 위에서 행동했다.

권력 내부가 크게 바뀌면서 노신영 외무부 장관이 안기부장으로 기용됐다는 것도 관심을 끌었다. 1961년 5·16쿠데타 직후 중앙정보부가 생긴 이래 군인 출신이 아닌 민간인이 중앙정보부장 또는 안기부장에 임명된 건 이때가 처음이었다. 또 전두환을 철저히 추종하는 장세동 경호실장의 위상이 높아지기 시작했다.

이런 것들은 전두환 권력의 성격이 달라졌다는 것을 보여준다. 그전에도 전두환이 중심이긴 했지만, 이제는 더욱더 전두환 중심으로 권력이 재편됐다는 말이다. 5공 창업 주주에게 더 이상 의존하지 않겠다는 걸 보여준 것이라고 박보균 기자는 썼다. 5공 창업 주주라는 건 내가 얘기한 이너 서클을 가리킨다.

장영자는 5년형을 받은 후 1991년에, 이철희는 1992년에 가석방됐다. 그 이후에도 장영자는 세 번 더 구속됐다. 1994년 140억 원대 차용 사기로 4년형을 선고받았고, 2000년 220억 원대 구권舊券 화폐 사기 사건으로 구속돼 이때는 15년이나 교도소에서 살았다. 2018년엔 남편 이철희 명의 재산으로 재단을 만들려 하는데 상속을 위해선 현금이 필요하다고 속이는 등의 방법으로 6억 2,000만 원을 가로챈 혐의로 구속됐고, 2019년 1월 현재 재판 중이다.

금융 실명제 실시 절호의 기회
민정당 정치 자금 문제로 유보

—— 이철희·장영자 사건을 계기로 금융 실명제 문제가 불거진다. 이에 대해 전두환 정권은 오락가락 행보를 보인다. 왜 그런 모습을 보인 것인가.

장영자 사건으로 떠들썩할 무렵인 1982년 7월 3일 금융 실명제를 실시한다는 발표가 나왔다. 이틀 후 전두환은 금융 실명제를 성공시켜야 한다고 말했다. 그런데 새로 민정당 사무총장이 된 권익현이 7월 15일 정부의 실명제 방안은 충분한 검토와 보완이 필요하다며 제동을 걸었다.

전두환은, 박정희를 염두에 둔 것이겠지만, 자신이 뛰어난 경제 대통령이라는 자긍심을 가지고 있었다. 박정희 유신 말기에 헝클어질 대로 헝클어진 경제를 자신이 수습했고 집권 후기에, 사실은 국제 경제 호조에 크게 힘입은 것이었는데, 단군 이래 최대 호황을 맞이한 것도 자신의 공로로 생각했다. 경제에 대해서는 아무것도 몰랐다는 전두환은 권력을 잡으면서 김재익 경제 수석 등 경제 관료들의 말을 경청했고, 그러면서 경제가 좋아진 면이 있었다. 김재익 등이 주장한 금융 실명제도 전두환은 지지하고 나섰다.

1978년 12·12총선에서 패배하자 경제 실정이 패배의 큰 원인으로 지목됐고, 이에 따라 그해 연말 남덕우 경제팀이 물러나고 신현확 경제팀이 들어섰다. 신현확 경제팀은 박정희·남덕우의 고도성장 정책에 비판적이었고, 난맥 상태의 경제를 살리기 위한 대안으로 경제 안정화 정책을 제시했다. 물가를 잡아야 하고, 중복 과다 투자로 경제를 멍들게 한 중화학 공업을 대대적으로 조정해야 하며, 관치 금융을 개혁하고 대외 개방 정책을 통해 수입 자유화로 나아가야 한다는 주장이었다. 한마디로 고도성장 정책을 폐기하고 경제 안정화 정책으로 가야 성장도 가능하다는 주장이었다. 이 때문에 신현확 경제팀은 박정희와 아주 심각한 갈등을 빚었다. 그것에 유가 폭등과 농업 재해까지 겹쳐 1980년에는 한국전쟁 휴전 후 처음으로 마이너스 성장을 했다.

전두환은 권력을 잡으면서 대대적으로 중화학 공업을 조정했고, 김재익 등이 주장한 경제 안정화 정책을 적극 폈다. 그러면서 1982년에는 국제 경제 영향도 작용해 물가 상승률이 한 자릿수가 됐고 그 후 지금까지 줄곧 물가 상승률은 한 자릿수에 머물렀다. 유신 체제에서 극심한 물가고에 시달렸는데 기적이 일어난 것이다. 역시 국제 경제 호조에 힘입었지만 경제 성장도 본궤도에 올랐다.

수입 자유화 정책도 농업 부문을 제외하고는 성공적이었다. 경제 관료들은 관치 물가, 관치 금융에서 자율화 쪽으로 방향을 틀었고, 부정부패의 온상인 거대한 지하 경제를 막으려면 금융 실명제가 필요하다고 주장했다.

어떻게 보면 금융 실명제는 이철희·장영자 사건 때문에 태어났다고 볼 수 있다. 이철희·장영자 사건은 사채 시장의 문제, 지하 금융의 문제를 터뜨렸다. 그것을 막기 위해서는 금융 실명제 같은 것이 실시돼야 한다는 여론이 형성됐다. 그리고 금융 실명제를 실시한다고 하자 언론은 그것을 대서특필했다.

이철희·장영자 사건에 쾌재를 부른 사람들이 있었다. 강경식, 김재익은 이 사건이 몰고 온 상황으로 금융 실명제를 실시할 수 있는 천재일우의 기회가 왔다고 좋아했다. 1982년 6월 24일 이철희·장영자 사건으로 뒤숭숭한 사회 분위기를 쇄신하겠다며 전면 개각이 이뤄졌다. 김상협이 국무총리, 강경식이 재무부 장관이 됐다. 금융 실명제 결재를 받기 전 김재익은 전두환에게 자세히 설명했다. 전두환은 찬성했다. 7월 3일 금융 실명제 '구상'이 발표됐다. 1983년 1월 1일 부로 모든 금융 거래를 실명으로 하고 그해 6월 말까지 기존의 무기명, 차명 예금은 실명으로 전환한다는 것이었다.

사채 시장 규모는 지하 경제 규모처럼 어림짐작으로 얘기될 수밖에 없다. 한국경제연구원의 연구에 따르면 사채 규모는 1981년 말 현재 1조 1,000억 원으로 추정됐다. 이 액수는 은행 대출의 7퍼센트, 통화량의 27퍼센트에 해당했다.

금융 실명제 구상이 발표된 며칠 후 청와대 수석비서관 회의에 김준성 부총리, 강경식 재무부 장관 등이 참석했다. 나중에 전두환은 차관급인 수석비서관들이 어떻게 장관들을 불렀느냐고 펄펄

뛰었지만 그때는 그런 때였다. 금융 실명제 추진을 그만두라고 회의를 소집한 것이다.

강경식에 따르면 실명제 반대의 중심에 서 있는 것으로 알려진 허화평이나 김재익 수석, 이학봉 민정수석은 일절 발언하지 않았다고 한다. 이 회의는 사정수석 허삼수와 강경식의 논쟁 장소가 되다시피 했다. 그런데 생각지도 않게, 그때까지 실명제를 지지했던 김준성 부총리가 다른 소리를 했다. 참다못해 강경식은 "재무부 장관을 바꿔라. 당신들 말을 잘 듣는 사람을 장관 시키면 될 것 아니냐. 내가 장관으로 있는 한 실명제를 철회할 수 없다"고 격한 어조로 말했다. 회의는 어정쩡하게 끝났지만, 이렇게 되자 당초 발표한 구상을 그대로 밀고 나가기 어렵게 됐다.

강경식에 의하면 '투 허'는 경제수석이자 대통령 경제 교사로 알려진 김재익을 마치 돈키호테 같은 인물로 여겼다고 한다. 물가를 안정시키고 금융 자율화 정책, 개방 정책을 폄으로써 새로운 성장의 기반을 닦은 '제5공화국 경제의 일등공신' 김재익을, 경제는 어려워지는데 대통령 옆에 찰싹 달라붙어 엉뚱한 소리로 일을 망치는 자라고 생각했다는 것이다. 김재익은 공식 회의석상에서 '투 허'로부터 노골적인 모욕을 당했다고 한다. 허화평이 주재하는 주간 정례 수석 회의에서 회의 도중 쫓겨나기도 했고, 아예 참석하지 못한 경우도 더러 있었다고 한다.

1982년 10월 중순경 청와대에서 전두환, 권익현 민정당 사무총장, 이종찬 원내총무, 강경식, 허화평, 김재익이 자리를 같이했다. 민정당이 전두환으로부터 실명제 철회 결심을 얻어내기 위한 자리였다. 강경식은 누가 얘기해도 버텼다. 전두환이 빨리 가야 할 곳이 있는데도 논의는 계속 이어졌다. 전두환은 결국 일어서면서 "금융 실명제를 정치생명을 걸고서라도 추진하겠다"고 말했다.

줄다리기를 거쳐 결국 10월 29일 정부와 민정당 간의 당정 협의회에서 금융 실명제를 유보하기로 최종 결정했다. 금융 실명제 파동은 이렇게 일단락됐다. 권익현 등이 반대한 이유는 '그렇게 되면 정치 자금 문제를 어떻게 할 것이냐' 하는 것이었다.•

금융 실명제는 김영삼 대통령 집무 첫해인 1993년에 실시됐다. 부정부패를 척결하기 위해서였는데, 전두환·노태우 등이 구속된 계기가 금융 실명제와 직결돼 있었다. 금융 실명제가 없었더라면 노태우가 구차하게 사과 궤짝 같은 데에 돈을 쌓아둘 필요가 없었을 것이다. 부정부패 척결에 딱 맞게, 김영삼이 그토록 잡아넣으려고 했던 엄청난 대어가 낚인 것이다. 역사는 이렇게 묘미가 있다. 강경식은 1997년 3월 5일 김영삼 대통령으로부터 경제 부총리 임명장을 받았다.

국세청에 정면 도전한 명성 그룹 회장
이번에는 전두환 장인이 주목받아

—— 이철희·장영자 사건 이후에도 금융 관련 문제는 계속 터지지 않나.

• 금융 실명제 문제는 '투 허' 등이 친인척 문제를 매개로 전두환을 압박한 것이, 12·12쿠데타 후 이들의 행태 전반에서 명확히 드러나듯이, 제대로 된 개혁 정신과는 거리가 멀었음을 보여주는 사례 중 하나다. 덧붙이면, 강경식은 1997년 IMF 구제 금융을 신청하기 직전까지 경제 부총리를 맡은 바로 그 사람이다.

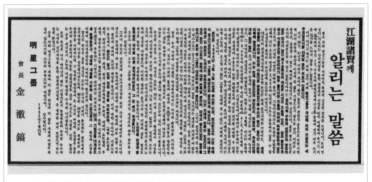

1983년 8월 1일 명성 그룹 회장 김철호가 낸 신문 광고.

　1982년이 장영자 사건으로 떠들썩한 해였다면 1983년에는 김철호 사건이 사람들의 관심을 모았다. 1983년 8월 1일 여러 신문에 명성콘도를 대상으로 한 세무 조사를 비난하는 광고를 김철호 명성 그룹 회장이 크게 냈다. "세무 정밀 조사를 45여 일 치르고 있다. 황당무계한 유언비어가 일부 몰지각한 자들에 의해 날조돼 한 기업의 의욕과 용기와 기업 이상까지도 무참히 짓밟히고 있다……." 세무 조사에 대한 불만으로 가득 찬 광고였다. 국세청과 한판 붙겠다는 뜻으로 해석될 수 있는 광고였다.

　이 광고가 나가자 안무혁 국세청장이 중간 조사 결과를 발표하면서 "티끌 하나 남김없이 밝히겠다"고 대응했다. 그러자 박보균 기자 책에 의하면 놀랍게도 전두환이 직접, 느닷없이 전화를 걸어서 "국세청장이 왜 함부로 나서느냐. 그런 식으로 대꾸를 했느냐"고 질책했다고 한다. 어떻게 이런 일이 일어날 수 있었을까.

　사람들이 김철호 명성콘도 사건에 크게 관심을 가진 건 어떻게 서슬 퍼런 국세청에 감히 도전하는 광고를 낼 수 있느냐, 세무 조사에 강하게 항의하는 문안의 광고를 노골적으로 낼 수 있느냐,

그건 뭔가 배후가 있기 때문 아니냐, 이것 때문이었다. 그건 어떻게 명성콘도가 불과 3~4년 만에 레저 산업의 재벌로 커졌느냐 하는 문제와 관련된 것이기도 했다. 어디서 돈을 댔기에 그럴 수 있었던 것인가, 굉장한 배후가 있는 것 아니냐, 이런 얘기였는데 그 배후 중 하나로 전두환 장인 이규동이 거론됐다.

이규동이 김철호 회장을 밀어준다는 소문이 퍼진 것은 1981년 12월 대한노인회 주최 서예전에 김철호가 자기 작품을 전시하고 부인과 함께 참석한 것이 계기가 됐다. 이때 대한노인회 회장이 이규동이었는데, 서예전이 끝난 후 김철호가 1억 원을 선뜻 '대한노인회 기금으로 써라', 이렇게 내놓은 것이다. 박보균 기자에 의하면 그 후 김철호는 이규동을 자신이 경영하는 용인 골프장에 초대해 후원자인 양 은근히 과시했다. 그러니 공무원이나 기업인들이 김철호를 대하는 태도가 달라질 수밖에 없었다.

국세청 직원들은 세무 신고서를 분석하면서 이상한 것을 알아냈다. 500억 원 정도나 투자했는데, 은행에서 빌린 돈은 22억 원에 불과했다. 1983년 8월 6일 국세청 정예 요원들이 동숭동의 상업은행 혜화동 지점 김동겸 대리 집을 급습해 비밀 장부를 찾아내면서 명성콘도 사건의 윤곽이 드러났다. 김철호와 김동겸 대리가 짜고 1,000여 명의 전주들을 상대로 은행 이자보다 더 주고 수기手記 통장을 발행해주는 식으로 사채 자금을 은행 예금 형식으로 조달했다는 것이다. 장영자가 어음 사기를 한 것과는 또 다른 방식으로 엄청난 자금을 끌어들인 것이다.

8월 17일 국세청은 명성 그룹이 112억 원의 세금을 포탈한 것을 적발했다며 김철호 부부를 특정 경제 가중 처벌법 위반 등의 혐의로 검찰에 넘겼다. 정부는 김철호가 1979년 4월부터 김동겸을 통해 은행 예금을 부정하게 빼내어 기업 확장에 사용해 21개의 기업을 거느린 명성 그룹 회장이 됐으며, 김철호는 원리금도 상환하지 않은 채 1,066억 원에 달하는 거액을 횡령했고 46억 원이나 탈세했다고 발표했다.

국세청이 동숭동 상업은행을 급습한 8월 6일 저녁 김철호가 돌연 잠적해 관계 기관들은 몹시 긴장했다. 전두환 정권은 "김철호가 밀항이라도 해버려 명성이 쓰러지면 엄청난 의혹을 받게 된다. 몽땅 이규동 씨가 뒤집어쓰는 것이 아닌가", 이것을 걱정했다. 국세청은 경찰에 극비 수배 요청을 했다. "김 씨가 가발이나 주민 등록 위조의 방법으로 위장, 탈출할 것이 예상되므로 공항, 항만을 봉쇄하고 검문검색을 강화하라"는 지시가 떨어졌다. 10일 오후에야 김철호 쪽에서 연락이 왔다.

1984년 8월 14일 대법원에서 김철호는 징역 15년에 벌금 79억 3,000만 원, 김동겸은 징역 12년에 추징금 100만 원이 확정됐다. 공군 참모총장 출신인 윤자중 전 교통부 장관도 콘도, 골프장 허가와 관련해 거액을 받은 게 드러나서 구속됐는데, 대법원에서 징역 5년에 추징금 8,100여만 원이 확정됐다.

명성 사건 직후인 1983년 10월에는 영동개발진흥 사건이라는 것도 터졌다. 영동 사건이라고도 하는데, 이건 뭐냐 하면 조흥은행 중앙 지점 직원들과 영동개발진흥이 짜고 어음 부정 보증을 하는 수법으로 1,019억 원을 빼낸 사건이었다. 이 사건으로 영동개발진흥 회장 이복례 모자와 조흥은행장 이헌승 등 29명이 구속됐다.

군부 독재가 그래도 덜 썩었다?
천문학적 검은돈으로 얼룩진 군부 독재와 그 후예

— 하루하루 열심히 일하며 한 푼 두 푼 모아온 대다수 국민들은 이철희·장영자 사건 등을 접하며 극심한 분노와 허탈감을 느낄 수밖에 없었을 것 같다.

1982년, 1983년에 일어난 이러한 사건들은 전두환 정권이 표방한 구호, 그리고 민주정의당이라는 이름이 얼마나 허구적인가를 단적으로 드러낸 것으로 일반 시민들한테 받아들여졌다. 그것과 관련해 더 생각해볼 문제가 있다.

'군부 독재 정권이 민간 정부보다 부정부패는 좀 적을 거다', 그런 생각을 하는 사람들이 일부 있다. 그런데 정말 그런가? 전혀 그렇지 않다. 엄청난 비자금 문제가 박정희 유신 정권 때부터 있었다. 유신 쿠데타 이전에는 거의 공공연하게 외국 기업에 대해서도, 기업이 들여온 차관에 대해서도 일정한 비율로 엄청나게 받아내 선거 자금, 정치 자금으로 썼다. 또 전두환, 노태우가 대통령일 때 거둬들였다가 나중에 드러나는 비자금 문제도 있지 않나.

그러한 어마어마한 비자금 문제는 군부 독재 시절에 생겼다. 이승만 정권, 장면 민주당 정권 때에도 그런 건 없었다. 김영삼 정권과 그 이후의 정권 때에도 마찬가지다. 정치 자금 문제가 전혀 없었던 건 물론 아니지만, 그런 정도로 어마어마한 비자금 문제는 없었다. 왜 이런 차이가 생겼느냐. 민간 정부는 투명성을 갖출 것을 요구받을 뿐만 아니라 일정하게 투명성을 갖출 수밖에 없는 정부이기 때문에 그런 일이 일어나기가 어렵게 돼 있다, 이 말이다. 그와 달리 민주주의와 거리가 먼 강권 정권, 군부 독재 정권은 재벌들한테 손을 내밀고 '갹출'하기가 훨씬 쉬웠다.

그래서 전두환만 하더라도 직접 받은 정치 자금, 비자금에다가 새마을 성금, 일해재단 기금, 새세대심장재단 기금 등의 명목으로 받아낸 걸 합치면 최소 1조 원은 되지 않느냐는 얘기를 들었다. 비리가 심해도 너무 심했기 때문에 전두환 퇴임 후 형제, 처남 등이 줄줄이 구속되지 않았나. 그리고 전두환 자신은 백담사로 '귀양'을 가야 했다. 전두환과 가까운 노태우가 집권했는데도 그렇게 되지 않았나. 그러한 것들도 전두환 일가가 얼마나 부패했느냐 하는 걸 분명하게 얘기해주고 있다.

노태우도 마찬가지다. 앞에서 금융 실명제 얘기를 했는데, 바로 그 실명제 때문에 비자금이 드러나면서 1995년 노태우가 구속되지 않았나. 그러면서 12·12쿠데타, 5·17쿠데타 관련자들이 재판을 받게 된다. 1997년 대법원에서 전두환은 무기 징역에 2,205억 원 추징금을 받고 노태우는 징역 17년에 추징금 2,628억 원을 받는데, 노태우가 받은 추징금 2,628억 원도 너무나 적다는 이야기를 들었다.

1960년대, 1970년대에 부정부패 얘기가 그렇게 많이 거론된 데서도 짐작할 수 있듯이 군사 정권은 투명하지 않았다. 검은돈, 부정한 정치 자금으로 자신들의 군부 독재를 보위하고 치부했다.

● 천문학적 규모의 검은돈 문제는 박근혜 정권에서도 불거졌다. 뼛속까지 유신 독재에 대한 향수로 물든 듯한 모습을 계속 보인 박근혜 정권은 박근혜·최순실 게이트를 통해 추악한 본모습을 거침없이 드러냈다. 눈여겨볼 대목 중 하나는 이들이 검은돈을 긁어모은 수법이 군부 독재자들의 그것을 똑 닮았다는 것이다.

유화 국면 활용해 고조된 학생 운동,
김영삼 단식과 민추협의 탄생

전두환과 5공 잔혹사, 열 번째 마당

전두환 집권 중반기에
유화 국면이 나타난 이유

김 덕 련 총칼을 앞세워 권력을 잡은 전두환은 집권 중반기에 유화 조치라는 것을 취했다. 구체적으로 어떤 조치를 취했나.

서 중 석 1983년 12월에 유화 국면이라는 게 나타난다. 1983년 12월 21일 이른바 학원 자율화 조치가 발표됐다. 1980년 5·17쿠데타 이래 1983년 말까지 학원에서 제적된 1,363명에 대해 복교를 허용한다는 내용이었다. 그다음 날(12월 22일) 공안 사건 관련자 172명이 특별 사면과 형 집행 정지로 석방되고 142명이 복권됐는데, 그중에는 학생 운동으로 수감돼 있던 131명이 포함돼 있었다. 그에 더해 1983년과 1984년 두 차례에 걸쳐 100명에 가까운 해직 교수의 복직이 허용됐다. 예컨대 사학계의 경우 강만길 선생도, 정창렬 선생도 다 이때 복직이 허용됐다.

1984년 2월 25일에는 정치 활동 규제 대상자 중 202명을 해금했다. 1년 전(1983년 2월) 250명을 1차로 해금한 데 이어 이때 2차로 해금 조치를 취한 것이다. 나흘 후인 2월 29일에는 학원에 상주하던 사복 경찰이 철수했다. 3월 1일에는 구속 학생 158명을 석방한다는 발표가 나왔다. 1983년 12월 전두환 정권이 유화 정책을 쓴 것이 대학에서 시위가 줄었기 때문이냐 하면 그건 아니었다.

── 이 무렵 대학가 시위 상황은 어떠했나.

앞에서 1982년 '부미방' 사건을 얘기했지만 시위는 1982년 2학

1983년 12월 21일 자 동아일보. 이날 정부는 이른바 학원 자율화 조치를 발표해 1980년 5·17쿠데타 이래 1983년 말까지 학원에서 제적된 1,363명에 대해 복교를 허용했다.

기에도, 1983년에도 계속 일어났고 오히려 더 커지고 있었다. 대학가에서는 1982년 9월에 들어서면서 일본 나카소네 정권의 교과서 왜곡, 일본이 항복한 후 가장 심각한 교과서 왜곡이었는데, 그것에 대한 항의 시위가 9월 8일 고려대생 시위를 시작으로 계속 일어났다. 서울대에서는 강렬한 반일 구호를 외치는 시위가 9월 15일과 16일, 이틀 연속으로 일어났다. 그 이후에도 여러 대학에서 시위가 계속됐다. 9월 27일에는 서울대, 고려대, 연세대, 성균관대, 이화여대 등의 학생 1만여 명이 서울 종로, 시청 앞, 청계천 등 여러 곳에서 연합 시위를 벌여 전두환 정권의 가슴을 서늘하게 했다. 경희대에서는 10월 6일부터 11일까지 매일 500~1,000여 명이 학원 자율화, 파쇼 정권 타도를 외치며 시위를 하고 경찰과 투석전을 벌였다.

11월 3일 학생의 날 연합 시위는 9월 27일 시위와는 형태가 약간 달랐다. 서울시립대, 경북대, 이화여대, 서울대, 중앙대, 전북대, 고려대, 충북대에서 교내 시위가 벌어졌고, 서울 시내 대학생 1,500~2,000명이 종로 2가와 5가를 오가며 '전두환 타도하자, 노조 탄압 중지하라'는 현수막을 들고 유인물을 살포하며 시위를 벌였다. 1980년 전남대 총학생회장이던 박관현이 단식 투쟁 끝에 전남대병원에 이송돼 사망하자 이에 대한 항의 시위가 전남대에서 1982년 10월 13일부터 15일까지 벌어졌다.

　　1983년 상반기에도 시위는 계속됐다. 교내 시위는 3월 7일 동국대에서 시작돼 여러 대학에서 벌어졌다. 5월 11일 서강대와 전남대 학생 시위에서는 주동자들이 창틀에 밧줄로 몸을 묶거나 도서관 4층에서 등산용 밧줄을 타고 내려오면서 시위를 주도했다. 학내 곳곳에 기관원, 사복 경찰이 배치돼 있었기 때문이다. 5·18 3주년을 맞아서 여러 대학에서 시위가 일어났다. 고려대 학생들은 신설동까지 진출했고 성균관대 학생들은 수원역까지 진출해 가두시위를 벌였다. 고려대 학생들은 5월 26일에도, 서울대 학생들은 그다음 날에, 연세대 학생들은 6월 3일에 교내 시위를 벌인 후 가두시위에 돌입해 폭력 정권 퇴진을 요구했다. 6월 16일에도 또다시 대학생들이 종로 5가, 국도극장 앞에서 연합 시위를 벌였다.

　　1983년 상반기에 학생들은 파쇼 정권 타도 주장과 함께 학원 민주화, 강제 징집 반대, 광주항쟁 진실 규명 등을 들고나왔다. 1983년 하반기에는 교내 시위와 연합 시위가 배합됐다. 9월에 들어오면서 교내 시위가 부쩍 늘어났다. 9월 30일 서울대, 연세대, 고려대, 성균관대 학생들의 연합 시위가 종로, 명동, 신촌 일대에서 전개됐다. 위태로운 방법으로 시위를 이끌어가면서 사망자까지 발생했다.

황정하의 죽음을 고발한 문건. 황정하는 서울대병원에 입원했지만 11월 16일 결국 사망했다. 황정하가 사망하자 경찰은 서둘러 화장하고 유골만 가족에게 전했다. 사진 출처: 오픈아카이브

1983. 11. 16 11 : 22 죽음

누가 황정하를 죽었는가?

안기부, 보안사, 시경, 일선 경찰서 등에 소속된 이른바 기관원들이 곳곳에 깔려 있기 때문이었다. 11월 2일 성균관대 수원캠퍼스 시위 때 한덕권이 도서관 3층에서 구호를 외치다가 추락했는데, 경찰은 늦게야 병원에 후송했다. 11월 7일 서울대 도서관에서 줄을 타고 내려오면서 시위를 주도하던 황정하는 추락해 중상을 입었다. 서울대병원에 입원했지만 11월 16일 결국 사망했다. 황정하가 사망하자 경찰은 서둘러 화장하고 유골만 가족에게 전했다.

시위가 늘어나면서 학생들의 희생도 커졌다. 시위가 있을 때마다 많게는 수십 명이 구속되기도 했다. 제적당한 학생들도 늘어나 1981년 300명, 1982년 198명이던 것이 1983년에는 327명이 됐다.

── 전두환 정권은 왜 유화 조치라는 것을 취한 것인가.

1983년 12월에 유화 국면이 나타난 것에 대해 여러 가지 얘기가 있다. 당시 상황을 보면, 1983년 11월에 레이건 미국 대통령이 방한했고 1984년에는 교황 요한 바오로 2세가 방한하게 돼 있었다. 그런 것들 때문에도 완화 조치가 나타난 것 아니냐고 이야기들을 했다. 또 일각에서는 86아시안게임과 88올림픽을 앞두고 한국의 이미지를 바꾸기 위해 이런 조치를 취한 것 아닐까 하고 추측한다. 그와 함께 정치 활동 규제자 해금 조치가 시사하듯이 1985년에 치러질 총선에 앞서 전두환 정권, 민정당의 이미지를 쇄신할 필요가 절실했을 것이라는 점이 중요하게 작용했다고 본다. 1981년 총선과 달리 1985년 총선에서는 정치적 자유가 어느 정도 확대될 수밖에 없었는데, 그것에 대해 선제 조치를 취한 것이다.

그러나 가장 직접적인 요인으로는 극단적인 억압 정책을 이젠 바꿔야 하지 않느냐는 분위기를 반영하지 않을 수 없었던 점을 들 수 있다. '이렇게 계속 강압 일변도로 끌고 갈 수 있는 것이냐', 국민들의 이런 목소리에 대해 뭔가 대답을 안 해줄 수가 없었다. 이철희·장영자 사건 후 '투 허'(허화평과 허삼수)가 퇴장한 것도 일정하게 작용했다고 볼 수 있다. '투 허'는 극단적인 억압 정책을 소위 개혁 정책이라고 하면서 밀어붙이지 않았나.

그뿐 아니라 이철희·장영자 사건, 김철호 사건, 영동 사건 등이 연이어 일어나면서 전두환 본인과 정권에 대한 부정적 이미지가 너무나 강했다. 전두환 쪽에서는 그걸 바꿀 필요가 있었던 것이다.

1983년 11월 13일 방한한 레이건 미국 대통령이
전방 부대를 방문했다. 사진 출처: e영상역사관

열 번째 마당

1984년 방한한 교황 요한 바오로 2세가 한국 천주교
200주년 기념 대회에 참석했다. 사진 출처: e영상역사관

전두환과 5공 잔혹사

유화 국면 활용해
투쟁 분위기 끌어올린 학생 운동

—— 유화 국면은 대학가에 어떤 영향을 끼쳤나.

학생 운동은 1982년, 1983년에 이어서 1984년에도 계속 크게 일어나고 있었다. 그러면서 이런 유화 정국에 맞춰 학생 운동 진영은 적극적으로 대응했다. 학생 운동으로 제적됐던 학생들은 복학 추진위원회, 복교대책위원회 등을 만들며 학원 민주화를 요구했다. 서울대, 성균관대, 동국대, 한양대, 이화여대, 고려대 등에 이어 1월 25일에는 경인 지구의 20개 대학 제적 학생들이 통합 복교대책위원회를 만들었다. 2월 11일에는 전국적 조직체로 '제적생 복교 추진 지역 대표자 전국 협의체'가 결성됐다.

1984년 3월 9일 서울대에서 학원 자율화 추진위원회가 등장하는데, 학원 자율화 또는 학원 민주화를 추구하는 움직임은 다른 대학들로 번져갔다. 학생 운동 세력이 학도호국단을 장악해 학원 자율화 완전 실시, 강제 징집과 지도 휴학 철폐 투쟁을 벌이며 학원 민주화에 앞장섰다.

강제 징집으로 사망한 학생들을 추모하며 시위를 이끌어가기도 했다. 4월 3일 성균관대에서 이윤성 추도식, 4월 7일 고려대에서 김두황 추도식, 4월 20일 연세대에서 정성희 추도식을 거행했다. 5월 4일에는 서울 지역 5개 대학의 학원민주화추진위원회와 학도호국단이 연합해 고려대에서 '강제 징집 사망 학생 6인에 대한 합동 위령제'를 거행하고 강제 징집과 지도 휴학제 철폐 등을 요구하며 철야 농성에 돌입했다.

1984년 '학원 수호, 민주 쟁취' 피켓을 들고
학원 자율화를 요구하며 시위하는 학생들.

그러면서 학생들은 광주항쟁 진상 규명을 요구하고 전두환 정권의 만행을 규탄하는 활동을 그전보다 훨씬 큰 규모로 전개하게 된다. 특히 1984년 5월 17일에는 서울의 10여 개 대학에서 학생들이 일제히 격렬한 교내 시위를 전개한 후 서대문 로터리, 청계천 5가 등에서 가두시위까지 했다. 그다음 날인 5월 18일에는 전국 22개 대학 학생들이 광주항쟁을 기리는 집회를 열거나 가두시위를 했다. 이날 서울대의 경우 5,000여 명이 광주민주항쟁 영령 위령제를 지낸 다음 파고다공원에서 민주의 날 전야제를 열었다. 서울 동부지역 4개 대학 학생들도 광주 학살 규탄 대회를 열고 경찰과 투석전을 벌였다.

1984년 2학기가 시작될 무렵부터는 전두환의 일본 방문(1984년 9월 6~8일)을 규탄하는 시위가 벌어졌다. 전두환의 방일은 바로 전 해인 1983년 나카소네 야스히로 일본 수상이 한국을 방문한 것에 대한 답방 형식으로 이뤄지는 것이었다. 전두환의 방일도 한국 대통령으로는 처음 있는 일이었지만, 나카소네 야스히로의 방한 또한 해방 후 일본 수상으로는 처음으로 이뤄진 한국 방문이었다. 나카소네 야스히로는 2차 세계대전 패전 이전 일본의 침략 전쟁을 적극 옹호했다. 그러면서 1982년에 일본 교과서 역사 왜곡 사건이 일어났다. 또 나카소네 야스히로는 전두환 군부 정권이 강력한 정치적 기반을 가질 수 있도록 40억 달러의 차관을 7년에 걸쳐 제공하기로 했다.

국치일인 1984년 8월 29일 고려대에 모인 9개 대학 학원자율화추진위원회는 '전두환의 매국 방일'을 반대하는 공동 결의안을 발표한 후 서울역 광장과 명동 새로나 백화점, 일본 대사관 공보관 앞에서 경찰과 투석전을 벌이며 시위를 했다. 대학의 전두환 방일

반대는 9월 초까지 계속됐고 재야와 학생들의 일본 군국주의 재침략 반대 투쟁은 그 이후에도 이어졌다. 9월 4일에는 19개 대학 학생들이 성균관대에 모여 전두환 방일 반대 가두시위를 벌였다. 방일 반대 시위는 여대생 성추행 규탄 투쟁으로 이어졌다.

─── 여대생 성추행 규탄 투쟁이 전개된 계기는 무엇인가.

9월 4일 시위에 가담한 경희대 여학생 3명이 청량리경찰서에서 신체검사 명목으로 성추행을 당한 것이다. 성추행은 그 이전에도 빈번하게 발생했지만 규탄 투쟁은 이때부터 전개됐다. 10월 20일 14개 대학 여학생회 연합이 이화여대에서 여대생 추행 사건 규탄 대회를 열었다. 그럼에도 11월 3일 고려대 여학생 성추행 사건이 발생했다. 서대문경찰서에 연행된 4명의 여학생이 상의를 벗기고 상체에 각목으로 심하게 구타를 당했다.

성추행 사건에 대한 투쟁은 더욱 조직적으로 전개됐다. 11월 16일, 14개 대학 여학생회 연합의 '여학생 추행 사건 진상 조사 위원회'는 추행 사건 진상 보고를 듣고 피해자 증언을 듣는 자리를 마련했다. 9월 4일 청량리경찰서에 연행된 여학생들은 이 자리에서 '완전히 옷을 벗을 것을 강요당했고, 실오라기 하나 걸치지 않은 여학생들에게 다리를 들게 하는 등의 치욕적인 기합을 받았다'고 폭로했다. 11월 20일에는 민한당에서도 진상 공개와 관련자 문책을 촉구했다. 11월 21일 10개 단체가 여대생 추행 사건 대책 협의회를 결성했다. 이 협의회는 11월 23일 경찰의 공개 사과와 진상 규명을 요구하고 서대문경찰서의 폭행 경찰 6명을 고발했다. 이제 여대생 성추행 사건을 적당히 넘기는 시대가 아니라는 것이 분명해졌다.

1984년 9월 서울대 프락치 사건이 터지자 학생들이 교문
앞에서 시위를 벌이고 있다. 사진 출처: 오픈아카이브

그러면서 1986년 부천서 성고문 사건이 일어나게 된다.

── 서울대 프락치 사건도 큰 충격을 주지 않았나.

그런 속에서 1984년 2학기에 고려대에서 총학생회가 부활했다. 고려대를 시작으로 연세대, 서울대, 경희대, 외국어대, 건국대, 전남대 등 다른 여러 대학에서도 총학생회가 다시 살아났다. 1980년 2학기에 전두환·신군부가 부활시킨 학도호국단을 해체하고 총학생회를 중심으로 학생들이 다시 자율적인 활동을 펼치게 된 것이다. 물론 문교부나 학교 당국은 이걸 인정하지 않았다.

1984년 9월에 일어난 서울대 프락치 사건도 세간의 관심을 모았다. 이 사건과 관련해 약 350명의 서울대생이 민한당 당사에서 학원 사찰 중지를 요구하며 농성을 벌였다. 그러자 복학생협의회장 유시민이 구속되고 학도호국당 총학생장으로 총학생회 조직에 앞장섰던 백태웅, 총학생회장 이정우 등이 제명되는 등 64명이 징계를 받았다. 학생들이 비상 총회를 열고 징계 철회 등을 요구하며 일부 단과대에서 시험을 거부하자, 10월 24일 서울대 당국은 경찰 진입을 요청했다. 그렇게 해서 무려 6,420여 명의 경찰이 다시 서울대 교정에 들어오게 된다. 한 대학에 경찰 병력이 들어간 인원으로 최고 기록일 것이다. 그러나 학생들의 중간고사 거부 운동은 확대됐고, 10월 26일에는 경찰이 진주해 있는 학교 안에서 2,000여 명이 시위를 해 239명이 연행됐다. 서울대를 비롯한 7개 대학 학생들이 부마항쟁 5주년 기념 반독재 민주화 연합 투쟁 실천 대회를 연 것도 과거에 볼 수 없었던 투쟁 형태였다. 이 대회에서 학생회 인정, 각종 악법 폐지, 민중 생존권 보장 등을 요구했다.

1984년 하반기에 학생 운동의 활력은 대단했다. 학생들은 학생회나 학생 운동 단체 조직뿐만 아니라 노학 연대에도 적극적이었고, 과감한 정치 투쟁을 벌였다. 그와 함께 노선 투쟁이라고 볼 수 있는 이념 투쟁이 서울대를 중심으로 격렬하게 전개됐다. 이러한 폭발적 활력에는 1983년 연말 이후 유화 국면이 나타난 것도 영향을 줬지만, 1970년대부터 축적돼온 것이 기본 바탕을 이뤘다. 광주유혈 사태, 전두환 파시스트 정권의 폭력성, 박정희 유신 체제도 학생들로 하여금 학업 못지않게 민주화 차원을 넘어서 세상을 바꾸지 않으면 안 된다는 변혁 이념에 관심을 갖게 했고, 학생 운동 그룹 간 이념 투쟁을 격렬하게 만든 기본 요인이었다.

　　1984년 하반기에 학생 운동에 큰 영향을 준 것이 서울대 국사학과 문용식, 안병용, 동양사학과 윤성주 등이 중심이 된 깃발 그룹이다. 이들은 '깃발' 서신 1, 2를 통해 학생 운동, 노동 운동이 개별적 부문 운동이 아니라 전체 혁명 운동의 한 주체가 돼야 한다고 주장했다. 이들은 1980년대 초 '학림' 사건 관계자들이 주장한 바와 비슷하게 선도적 정치 투쟁을 적극적으로 벌여야 하며 그렇게 하기 위해서 투쟁위원회를 조직해야 한다고 역설했다. 10월 12일 서울대에서 반독재민주화투쟁위원회가 조직됐고 연세대, 고려대, 성균관대 등에서도 민주화투쟁위원회가 출현했다. 11월 2일과 3일 연세대에서 있었던 학생의 날 기념 연합 집회에서 이들 4개 대학 민주화투쟁위원회가 전국민주화투쟁학생연합(민투학련)을 조직했다. 11월 3일에는 전국 각 대학 학생회 연합 조직으로 전국대학생대표기구회의도 출범했다. 이 단체는 11월 20일 전국학생총연맹으로 새로 출범했다. 깃발 그룹은 정치 투쟁을 강조했는데, 그 일환으로 11월 14일 민정당 중앙당사 점거 투쟁이 일어났다.

1984년 11월 14일 민정당 중앙당사 점거 투쟁 현장에서 강제 연행되는 학생들.

— 민정당 중앙당사 점거 투쟁, 어떻게 전개됐나.

고려대, 연세대, 성균관대 민투학련 소속 264명이 13시간이나 민정당 중앙당사를 점거하고 민정당 해체를 요구했다. 이들은 당사 철문에 '노동법 개정하라', '전면 해금 실시하라'라는 현수막을 내걸었다. 이들은 유인물에서도 정치인들의 전면 해금 실시를 주장했고, 최저 임금으로 일당 4,000원 보장, 비례 대표 원칙 무시한 선거법 개정도 요구했다. 그다음 날(15일) 새벽 4시 30분 중무장한 경찰이 민정당사 벽을 부수고 학생들을 전원 연행했다. 19명이 구속되고 180명이 구류 처분을 받았다.

민정당 중앙당사 점거는 시민들의 주목을 받았다. 민투학련의 야당 정치인 전면 해금 요구는 이듬해 2·12총선에서 학생들이 어떻게 나올 것인가를 예고했다. 민투학련의 민정당 중앙당사 농성 사건은 이듬해에 5개 대학 학생들이 벌이게 되는 서울 미국 문화원

전두환과 5공 잔혹사

농성 사건의 선례가 됐다.

— 1980년대 학생 운동에서 빼놓을 수 없는 것이 노학 연대 아
  닌가.

민주화투쟁위원회는 민중 운동에 대한 지원 투쟁을 맡은 민중
생존권지원투쟁위원회를 조직했는데, 반깃발 그룹도 노동 운동을
중시했다. 1980년대 학생 운동은 학생 운동보다 노동 운동을 사회
변혁의 기본 동력으로 인식하면서 더 중시했다. 1980년대 전반기에
는 학생들이 1970년대 말, 1980년대 초의 야학 활동을 넘어서서 학
력 등을 변조해 '위장 취업'을 하는, 노동 현장 투신이 열정적으로
이뤄졌다. 세계 역사에서 유례를 찾기 힘든 헌신적 투신이었다. 그
와 함께 학생 운동권은 노학 연대 투쟁을 전개했다.

대학생 노학 연대 투쟁의 선구 격으로, 학생 운동 사상 처음으
로 1984년 5월 25일 서울대생들이 공단 지역인 가리봉 오거리에서
가두시위를 전개했다. 시위에는 1980년대에 들어와 구로동 지역에
서 야학 활동을 하던 학생 활동가들이 대거 참여했고, 수천 장의 유
인물이 가리봉 오거리 곳곳에 배포됐다. 이 시위를 계기로 노학 연
대 투쟁이라는 개념이 나오기 시작했다.

노학 연대 투쟁은 1984년 9월 이후 본격화됐다. 9월 19일 청계
피복 노조 합법성 쟁취 대회가 경찰의 원천 봉쇄로 불가능하게 되
자 학생과 노동자 2,000여 명이 동대문 일대에서 가두시위를 벌이
며 경찰과 맞서 싸웠다. 10월 12일에 열린 제2차 청계피복 노조 합
법성 쟁취를 위한 노동 악법 개정 촉구 대회에도 학생들이 적극 참
여해 노동자들과 함께 도심 곳곳에서 시위를 벌였다. 10월 26일에

는 가리봉 오거리에서 노동 악법 개정 투쟁이, 27일에는 구로공단 및 부평역 시위가, 11월 8일에는 가리봉 오거리 연합 횃불 시위가, 13일에는 남대문시장과 구로공단에서 시위가 전개됐다. 11월 13일 이날 '전태일 열사 14주기 추도식'이 거행된 후 노학 연대 투쟁이 전개됐다. 시위는 12월 7일에도 벌어졌는데, 신답역에서 택시 운전사로 분신자살한 '박종만 열사 추모' 시위가 전개됐다.

정치 활동의 돌파구를 연
김영삼의 23일 단식

── 이 무렵 정치권에서도 변화가 나타나지 않았나.

정국도 1983년에 들어서면서 변화를 보였다. 1983년 5월 2일 김영삼은 장문의 '국민에게 드리는 글'을 발표했는데 이건 외신에만, 그것도 16일에 가서야 AP통신을 통해 보도됐다. 5월 18일 광주 항쟁 3주년을 맞아 김영삼은 '단식에 즈음하여'라는 성명서를 발표하고 단식에 돌입했다. 1979년에 신민당 총재가 되면서 박정희와 격돌하던 때의 강렬한 모습이 여기서 다시 나타나게 된다.

5·17쿠데타 직후인 1980년 5월 20일 시작된 김영삼 연금은 이듬해 5월 1일이 돼서야 풀렸다. 연금이 풀리자 김영삼은 김동영, 최형우 등과 산행을 시작했다. 정치 활동 피규제자들을 중심으로 민주산악회를 만들었는데, 1982년 5월 31일 김영삼은 다시 연금됐다. 그로부터 거의 1년이 지난 1983년 5월 18일, 김영삼이 독하게 마음을 먹고 단식을 시작한 것이다. 이 단식은 골방에 갇혀 있던 정치를

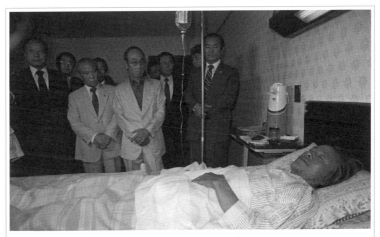

단식 23일째인 1983년 6월 9일 서울대병원에 입원한 김영삼.

부분적이나마 풀게 했고 그것은 2·12총선으로 이어지게 된다.

동아일보에서 아주 짤막하게, 뭔가를 시사하는 수수께끼 같은 기사를 5월 20일 싣기도 했지만 국내 신문에서는 김영삼의 단식을 일절 다룰 수 없었다. 그래서 무슨 일이 일어나고 있는지 알지 못했지만, 외신에서는 김영삼 단식을 꽤 크게 계속 보도했다.

단식 2일째인 5월 19일 정치인들은 단식투쟁대책위원회를 띄웠다. 8일째인 5월 25일, 전두환 정권은 단식 현장의 전화선을 끊어놓고 수십 명이 들이닥쳐서 김영삼을 강제로 병원으로 이송했다. 김영삼은 모든 의료 행위를 거부했다. 그다음 날 문익환 목사가 동조 단식에 들어갔다. 김대중은 미국에서 '김영삼의 단식을 국민에게 알리라'는 성명을 발표했다. 또한 미국에서 결성된 '김영삼 총재 단식 투쟁 전미대책위원회'에서 백악관까지 행진했다. 10일이 넘으면서 김영삼은 몽롱한 상태가 됐는데 전두환은 '이번에 건강이 회복되면 해외로 나가라. 주선해주겠다'는 말을 전해왔다. 물론 김영삼은 거부했다. 단식 14일째인 5월 31일에는 함석헌, 홍남순 등이 기독교회관에서 민주화를 위한 무기한 단식을 시작한다는 성명을 발표하고 단식 농성에 들어갔다. 민주산악회 회원 등 많은 정치인들도 동조 단식 투쟁에 돌입했다.

이처럼 외신에서 크게 문제가 되고 국내에서도 움직이고 하니까 전두환 정권도 이제는 다급해졌다. 외부인 출입이 금지됐던 병실에 5월 30일부터 사람들이 찾아올 수 있게 됐다. 단식 15일째인 6월 1일, 33명의 전직 의원을 포함한 58명이 김영삼의 단식 투쟁을 지지하고 민주화 범국민 연합 전선 구축을 결의한 시국 선언을 발표했다. 민주화추진협의회(민추협)가 태동하고 있었다. 단식 16일째에 주치의가 '체온이 35도까지 내려갔고 생명을 건진다 해도 회복할 수 없는 상태가 될 것'이라고 말했다. 단식 17일째인 6월 3일 '독재 정권 타도하자', '김영삼 씨 생명을 구하자'라는 시위가 연세대에서 일어났다. 이날 윤보선 전 대통령과 김수환 추기경이 찾아왔다. 김영삼은 그때까지 거부하던 링거를 맞았다. 단식 21일째인 6월 7일 혈압이 급강하하는 등 위험 상태에 처했다고 의사들이 강조했다.

단식 23일째인 6월 9일, 김영삼은 "나의 투쟁은 끝난 것이 아니라 이제 겨우 시작을 알렸을 뿐입니다"라고 얘기하면서 단식을 중단했다. 그것은 정치 활동을 전개하겠다는 걸 의미했다. 전두환 정권도 김영삼 쪽을 탄압하는 데에는 한계가 있었다.●

● 김영삼이 광주항쟁 3주년을 맞아 단식에 돌입하긴 했지만, 이 무렵 광주항쟁에 대해 김영삼이 취한 태도는 많은 사람의 우려를 불러일으키기에 충분했다. 대표적인 사례가 1984년 7월 외신과 한 인터뷰에서 "(전두환 정권이) 민주 회복을 공약하는 조건이라면 광주사태를 제쳐놓을 용의가 있다"고 이야기한 것이다. 이에 대해 광주항쟁 관련 단체들은 "도대체 무슨 의도로 감히 광주 의거를 정치적 흥정의 제물로 삼는 그 따위 망언을 내뱉을 수 있다는 말인가"라며 거세게 반발했다.

다시 손잡고 민추협 만든
김영삼과 김대중

— 2014년 9월 세월호 유가족과 시민들이 세월호 특별법 제정을 촉구하며 단식 투쟁을 하던 광화문광장에서 일베, 그리고 보수를 자칭하는 자유청년연합 회원들이 치킨, 피자 등을 먹으며 이른바 폭식 투쟁을 벌였다. 사람이 사람으로 살아가기 위해 넘지 말아야 할 최소한의 선이 무엇인가 하는 문제를 많은 시민들에게 생각하게 만든 참담한 퍼포먼스였다.

시공간도, 단식의 주체와 그 의미도 다르긴 하지만 먹을거리를 가져와 단식을 방해하고 조롱하는 일은 1983년 김영삼의 23일 단식 때에도 일어났다. 이것에 대해 김영삼은 당시 전두환 쪽에서 불고기, 생선 등 맛있는 음식이 담긴 상을 자신의 병상 앞에 갖다놓고 냄새를 풍기며 방해했다고 밝혔다. 얼마나 다급했으면 그런 치졸한 짓까지 했을까 싶다. 다시 돌아오면, 1980년에 결정적으로 갈라섰던 김영삼과 김대중이 이 단식을 계기로 새로운 관계를 맺게 되지 않나.

김영삼의 단식은 야당 정치인들에게 침체 상태에서 벗어나 활력을 불어넣는 계기가 됐다. 김대중과의 관계도 아주 좋아졌다. 단식을 할 때 이미 미국에 있는 김대중과 실질적으로 다시 연대하게 됐는데, 1983년 7월 김영삼은 김대중 측근인 김상현을 만나 함께 민주화 운동을 벌이자고 제의했다. 1979년 유신 말기처럼 양김이 협조, 협력해야만 한다는 인식이 양쪽에 깊이 자리 잡았다.

드디어 8월 15일 두 사람의 공동 성명이 나왔다. 두 사람은 어

민주화추진협의회 결성을 위해 모인 의원들과 김영삼.

디에서건, 어떤 상황에서건 하나가 돼야 한다고 역설하면서 이렇게 말했다. "1980년 봄, 온 국민이 한결같이 열망하던 민주화의 길에서 우리는 당시 야당 정치인으로 하나가 되는 데 실패함으로써 수백수천의 민주 국민이 무참히 살상당하는 사태에 이르게 되고, 계속 국민의 수난이 연속됨은 물론 민주화의 길을 더욱 멀게 한 사태를 막지 못한 데 대한 책임을 면할 길 없습니다."

1980년 '서울의 봄'과 그 이후의 사태에 대해 이보다 더 정확한 지적이 있을까. 그야말로 뼈를 깎는 자책과 뉘우침이었다. 하지만 민주화가 어느 정도 이뤄져 대권이 눈앞에 아른거리면 이러한 반성과 각오가 홀연히 사라지고 마는 것 아니던가.

국회의원 선거를 1년 앞둔 1984년에 들어와 민주화 투쟁 기구를 만들기 위한 8인 위원회가 출범했다. 김영삼계 4인, 김대중계 4인이었다. 김영삼 단식 1주년이 되는 1984년 5월 18일 민추협이 발족됐다.

이날 발표된 '민주화 투쟁 선언'에서 민추협은 "국민이 자신의 정부와 정부 형태를 선택하고 결정할 수 있을 때에만 민주주의가 실현된다고 믿는다. 우리는 민주주의로 가는 길을 봉쇄하고 있는 현행의 모든 제도적 장치와 제약의 개폐를 위해서 투쟁한다"고 선언했다. 이렇게 5월 18일에 발족을 선언하고 6월 14일에 결성 대회를 열었는데 김영삼이 공동 의장, 김대중은 고문을 맡되 김대중이 귀국하면 공동 의장을 맡기로 했다. 그래서 임시로 김상현이 김대중 쪽의 공동 의장 대행이 됐다. 그렇지만 민추협은 전두환 정권의 방해로 사무실 얻기도 힘들었다.

1985년은 총선이 치러지는 해였는데, 그걸 앞두고 1984년 11월 30일 제3차 해금 조치가 단행된다. 1, 2차 해금 때 제외된 99명 중 이민우 등 84명이 정치 규제에서 풀려났다. 해금에서 제외된 15명 가운데 권력형 부정 축재자로 규제된 김종필, 이후락 등 옛 여권 인사 6명을 제외하면 김대중, 김영삼, 김상현, 김덕룡 등 나머지 사람들은 옛 야권이었는데, 이들은 다 민추협 소속 정치인이었다. 즉 김대중, 김영삼 쪽이었다.

이 정치 해금을 즈음해서 다음 해에 치러질 선거 대응 방침을 놓고 거부파와 참여파가 팽팽하게 맞서게 된다. 김영삼 쪽은 신당 창당을 위한 준비에 들어가서 12월 7일 민추협 전체 회의를 열었고, 여기서 총선 참여 쪽으로 대세가 기울어졌다.

12월 11일 김영삼과 김대중 고문, 김상현 공동 의장 대행의 이름으로 민추협의 신당 결성 및 총선 참여가 공식 발표됐다. 12월 19일 김현규, 서석재, 박관용, 홍사덕 등 민한당 소속 의원 10명이 집단 탈당해 신당에 합류하며 분위기를 돋웠다. 그다음 날(12월 20일)에는 동숭동 흥사단 대강당에서 신한민주당 창당 발기인 대회가 열렸다. 그런데 당명을 놓고도 우여곡절을 겪어야 했다.

─── 무엇 때문에 그러했나.

전두환·신군부가 과거에 있었던 당 이름을 그대로 쓸 수 없게, 말하자면 국민들한테 향수가 짙은 과거의 이름을 못 쓰게 했기 때문이다.* 고심한 끝에 과거에 한 번도 없던 이름인 신한민주당으로 정했다. 그걸 줄이면 신민당이 된다고 해서, 신민당을 계승한다는 뜻으로 이름을 그렇게 정했다고 한다. 창당 준비위원장으로는 이민우가 추대됐다. 신당 창당에는 양김과 달리 선명성이 약하고 애매한 이철승계와 신도환계, 그리고 김재광계도 참여하기로 했다.

그렇게 해서 1984년은 저물고 1985년을 맞이하게 된다. 그리고 1985년 2·12총선에서 김영삼·김대중의 신당이 엄청난 선거 바람을 일으키면서 민주화를 향한 중대한 전환점을 맞이하게 된다.

---

* 1980년 12월 3일 중앙선관위는 이미 해산된 정당의 명칭을 다시 사용할 수 없다고 유권해석을 내리고, 새로 탄생하는 정당이 사용할 수 없는 당명 목록을 발표했다. 신민당도 그중 하나였다.

나가는 말

1980년 5월, 전두환 일당은 광주를 피로 물들였습니다. 그로부터 어느새 39년. 학살과 항쟁이 교차한 오월 광주는 역사를 바꿨습니다. 오월 광주의 파장을 배제한 채 1980년 5월 그날 이후의 한국 현대사를 설명하는 건 불가능합니다.

다시 찾아온 오월을 맞아 《서중석의 현대사 이야기》 16~17권을 독자 여러분 앞에 내놓습니다. '서중석의 현대사 이야기' 연재 가운데 2016년 '12·12쿠데타와 오월 광주'라는 주제로 프레시안에 실린 것들 중 일부의 내용을 더 충실히 하고 새롭게 구성한 결과물입니다.

16~17권의 핵심 사안은 오월 광주입니다. 16권에서는 박정희 피살 후 오월 광주에 이르는 과정, 오월 광주 당시 상황과 역사적 의미를 짚었습니다. 17권에서는 오월 광주 이후 권력을 찬탈한 전두환 일당의 집권 전반기를 살폈습니다.

39년이라는 긴 시간이 흘렀지만, 밝혀야 할 사안은 지금도 적잖게 남아 있습니다. 그런 가운데, 뻔뻔한 거짓말과 터무니없는 궤변으로 오월 광주를 어떻게든 폄훼하려는 세력이 여전히 날뛰고 있습니다. 오월 광주 문제는 현재 진행형입니다. 오월 광주의 진실을 잊으면 민주주의에 미래는 없습니다.

2019년 5월
김덕련

서중석의 현대사 이야기 ⑰

초판 1쇄 펴낸날 2019년 5월 10일

지은이   서중석 김덕련
펴낸이   박재영
편집   이정신 임세현
디자인   당나귀점프
제작   제이오

펴낸곳   도서출판 오월의봄
주소   경기 파주시 회동길 363-15 201호
등록   제406-2010-000111호
전화   070-7704-2131
팩스   0505-300-0518

이메일   maybook05@naver.com
트위터   @oohbom
블로그   blog.naver.com/maybook05
페이스북   facebook.com/maybook05

ISBN   979-11-87373-90-2 04900
            978-89-97889-56-3 (세트)

이 도서의 국립중앙도서관 출판시도서목록(CIP)은 e-CIP홈페이지(http://nl.go.kr/ecip)와
국가자료공동목록시스템(http://www.nl.go.kr/kolisnet)에서 이용하실 수 있습니다.
(CIP 제어번호 : CIP2019016686)

• 책값은 뒤표지에 있습니다. 잘못된 책은 바꾸어 드립니다.

이 책에 실린 사진은 저작권을 가지고 있는 분들과 기관의 허락을 받아 게재했습니다.
저작권자를 찾지 못하여 게재 허가를 받지 못한 일부 사진은 저작권자가 확인되는 대로
게재 허락을 받고 통산 기준에 따라 사용료를 지불하겠습니다.